L'école de la Parole

口才的艺术

[法]
劳拉·西伯尼 __著
Laura Sibony

刘佳欣 __译

SPM 南方传媒 广东人民出版社
·广州·

图书在版编目（CIP）数据

口才的艺术 /（法）劳拉·西伯尼著；刘佳欣译. —广州：广东人民出版社，2024.6
ISBN 978-7-218-17303-0

Ⅰ.①口… Ⅱ.①劳…②刘… Ⅲ.①口才学 Ⅳ.①H019

中国国家版本馆CIP数据核字（2024）第027901号

L'Ecole de la Parole © Hachette-Livre (Hachette Pratique), 2020
Laura Sibony
本书中文简体版专有版权经由中华版权代理有限公司授予北京创美时代国际文化传播有限公司。

KOUCAI DE YISHU
口才的艺术
[法]劳拉·西伯尼 著 刘佳欣 译　　　　版权所有 翻印必究

出 版 人：肖风华

责任编辑：陈泽洪
责任技编：吴彦斌　马　健

出版发行：广东人民出版社
地　　址：广州市越秀区大沙头四马路10号（邮政编码：510199）
电　　话：（020）85716809（总编室）
传　　真：（020）83289585
网　　址：http://www.gdpph.com
印　　刷：北京中科印刷有限公司
开　　本：880毫米 × 1230毫米　1/32
印　　张：7.75　　　字　　数：140千
版　　次：2024年6月第1版
印　　次：2024年6月第1次印刷
定　　价：49.80元

如发现印装质量问题，影响阅读，请与出版社（020-87712513）联系调换。
售书热线：（020）87717307

在此向所有参与了本书"挑战"和"练习"环节测试的演讲学院的学生、朋友、亲人致以诚挚的感谢。

感谢佩里埃女士、尉女士和海因兹女士,感谢她们在演讲教学和推广上做出的努力。

前言
PRÉFACE

"以话语的力量来取悦、感动、说服他人"也许是对口才最公允的定义。公元前1世纪,古罗马极负盛名的律师和政治家西塞罗认为,要让对方放弃抵抗有三大关键因素。抵抗?是的,让他人放弃自己的想法,重新审视他们原本确信无疑的事情并接受你的看法,这算得上是一项丰功伟绩。而这正是西塞罗暗指的"话语的力量"。我们中的很多人都有过这样的经历,即只听了一次演讲就完全改变了自己原先的看法,这次演讲可能是针砭时事的,与政治相关的,或者是具有诱惑性的。

接下来的问题就是我们要用话语的力量来做什么。按其复杂程度排列,话语的主要作用可以概括为以下四点。

告知。能够将信息完整且准确地传递给他人,而对方能够接收并准确地记住你的表达方式和句式结构。这听上去很简单,但请注意,在日常生活中,有时双方在沟通过程中需要花上好几分钟才能理解一件看上去再简单不过的事情,还可能产生各种误会……

说服。根据对方的理解能力、逻辑水平和知识背景组织语言，让对方放弃一些原本确信无疑的观点，接受另一些想法。总的来说，就是让对方认可你的证据和逻辑论证。科学辩论的本质就是论据的对抗。尽管说服对方要花上很长一段时间，但取得的成果是可持续的：试着说服自己2加2不等于4，说服一个金融投资者投资你的项目，向法官证明你是无辜的，告诉同事你的计算是精准而且可程序化的。

劝说。用情绪和情感去说服他人相信某事。笛卡儿将这称为人身上的"动物精神"，即可以在没有理性证据支持其真实性的情况下让人接受某种信念。劝说过程中可采用的方式不一而足：图像，感叹，沉默，眼神，等等。对方很快就会被你说服，而一旦这种情感被另一种情感取代，正如一条新闻很快成为一条旧闻，这种效果就很难持续下去。我们很喜欢在爱情宣言里使用情感攻势，但实际上，即使高级技术员之间"冷冰冰"的辩论也很少能够完全不带情绪。毕竟，人是情感动物。

提升。口才是值得被纪念和赞扬的，因为它能够将人的优点发挥出来，使之成为更好的人。正是在这样的期待下，历史上出现了那些里程碑式的演讲。听着这些演讲，那些话语就钻进了我们心灵和思想的最深处，为我们明确了要追求的目标，要实现的愿望。1940年5月13日，温斯顿·丘吉尔在英国下议院以"血汗和泪水"为题发表演讲；1963年8月28日，马丁·路德·金在林肯纪念堂的台阶上发表了《我有一个梦想》；吉赛尔·哈利米在1972年11月博比尼审判时，高呼保护妇女堕胎权。这些都是我们难以忘记的实例。听过这些演讲的人都清楚，从开头的几秒起，这些演讲的内容就被深深烙印在人们心底，这些演讲将因其自身的力量而被永远记住。

但成为一个演讲者也经常需要调动起感知力：演讲需要天赋，有人能够轻而易举地做到，而有人永远也做不到。我们无法否认一些人在这方面确实有天赋，但天赋的影响是微小的。正如托马斯·爱迪生所说："天才是百分之一的灵感加上百分之九十九的汗水。"学习演讲是必须付出汗水的，因为演讲是为数不多的要求理智、情感、道德、身体（以声音为主）同时在线且高强度全情投入的一门艺术。和任何一门艺术一样，演讲需要学习和练习。

劳拉·西伯尼将成为一个演讲者需要学习和练习的重点都浓缩在这本书里了。这本书的设计十分有趣，它会是你成为演讲大神的好帮手，也是伴你走过漫漫征途的好伙伴，最终你会获得奖励：找到自己的声音。

演讲应当是一种乐趣，是所说的话、说话方式和真诚自我之间的和谐状态。对这种和谐和真诚的追求并非易事，你必须深入自己，凝视自己，洞察自己，不妥协，不让步，弄清你是谁，你将成为怎样的演讲者。但请放心，一切会越来越顺利，每个演讲者都是"杂食动物"：戏剧、演讲、音乐、舞蹈、心灵修行、数学、哲学……在这趟旅程中，一切知识都会成为你的养分！

加油！出发吧！

纪尧姆·普里冈特
巴黎政治学院和战争学院教授
法国 2 台《大演讲家》栏目合作创始人

目录
CONTENTS

引　　言		001
第 一 章	做好准备	013
第 二 章	加强存在感	019
第 三 章	如何善用双手？	025
第 四 章	规范发音	031
第 五 章	听众是朋友而不是裁判！	039
第 六 章	紧凑的演讲	045
第 七 章	结构清晰，主次分明	051
第 八 章	五感的重要性	059
第 九 章	灵活得体地使用修辞	065
第 十 章	记忆！	073

第十一章	主动倾听	081
第十二章	鼓励、赞美和批评	089
第十三章	话语即力量	097
第十四章	灵活的演讲	105
第十五章	应对自如！	115
第十六章	如何开始一场演讲	125
第十七章	学会总结	133
第十八章	有力地说服听众	141
第十九章	从言论到行动	151
第二十章	实践！	157

小卡片
ANTI-SÈCHES

- 自我展示 /170
- 讲一个故事 /174
- 电话交谈 /178
- 致歉 /182
- 礼貌拒绝 /186
- 闲谈 /190
- 结识陌生人 /194
- 婚礼致辞 /198

- 面试 /202
- 项目推介 /206
- 工作会议 /210
- 谈判 /214
- 在媒体上发言 /218
- 会考口试 /222
- 性格面试 /226
- 演讲比赛 /230

引言
INTRODUCTION

西塞罗的"修辞法"和史蒂夫·乔布斯的口才完全不同。西塞罗认为演讲有三大目标：取悦（delectare），打动（movere），说服（decere）。注意，顺序不可改变：演讲者首先要取悦观众，只有通过这种方式，他们耳朵听见的才能往心里去，最后进入大脑中。这一切的目的是：说服。一次顺利的演讲，其成功之处在于超越自己，而非沉溺于掌声带来的认同感和成就感。

卡彭蒂埃是巴黎律师界一位伟大的演说家，也是内容丰富的《演讲评论》（*Remarque sur la Parole*）一书的作者。他认为言论和行为联系紧密。"说话不是玩弄思想，也不是打磨句子，咕咕哝哝，做做样子，摆摆造型。说话是一种转化。或说服他人；或令人坚定信念；或调和分歧；或孕育新的观点；或要传播一种感情，宣传一种倾向，如同在风中撒下种子，把瓶子扔向大海。说话就是工作。演讲的效果是要借由其转化的效果来评判的。"

口才不是一门科学，而更像一项运动，通过练习、实践和不断超越来提升自己，灵活应对，对对手话里带的刺做好准备，在最合适的时间说出最恰当的词。演讲这门艺术博采众长，融合了领导力、心理学、修辞学、戏剧、教学法、诗歌等方面的知识。每个人都有自己的独特风格，这给演讲的艺术带来了新的发展希望。

演讲是一项运动，可以是格斗运动、耐力运动、艺术运动、极限运动……不论喜欢什么风格的运动，要成为真正的"运动员"，就要勤加训练，不断挑战！书中的窍门、练习、挑战环节给你提供了了解个人风格并将其发扬光大的关键方法。第一部分回答了一些常见的问题：如何善用双手，如何开头，面对各种问题的时候如何有话可说；第二部分是16张教你如何应对重大场合的卡片：公司介绍，应酬的场面话，婚礼致辞，会考口试等。

这本书不能让你成为西塞罗或乔布斯，它也不想让你成为一个模仿者。本书会帮助你克服天生的羞怯，更好地控制自己的言辞。你觉得自己并不羞怯？好吧，那书里的挑战对你来说可能只是小儿科……

 **热身**

以下是一些在我们正式开始之前的小建议,它们能够帮你进入状态。

→ 清楚地认识到对你来说什么是一次好的演讲。

一次让人记忆深刻的演讲?一次让听众对演讲者心生崇拜的演讲?一次切题的演讲?一次能够和公众互动起来的演讲?

挑战

满怀热情地高声朗读一篇和你的看法完全相反的演讲。

→ 分析演讲,锻炼眼、耳和思想的批判能力。

挑战

挑选一段总统竞选辩论视频(如2017年埃马纽埃尔·马克龙和玛丽娜·勒庞,2012年弗朗索瓦·奥朗德和尼古拉·萨科齐,2007年萨科齐和塞格琳·罗雅尔),选择一边阵营。然后让自己代替"你的候选人":每次轮到他说话的时候就暂停视频,假装你是他,和对方辩论。

→ 到现场听辩论(诉讼,个人秀,婚礼……),关注听众的反应。

挑战

记录那些观众情绪被调动、鼓掌或大笑时的情景。通常情况下,一个恰到好处的停顿、一个面部表情就能达到这种效果。

→ **按照演讲者的职业和演讲类型分析他们的区别。**

挑战

把你喜欢的一篇演讲改编成一首歌,再落落大方地演绎一遍。或者改编成一首打油诗。

打败偏见!

→ **"我会显得滑稽可笑。"**

我最可笑的地方就是完全不好笑!把自己隐藏在角色背后,抹去所有棱角,想要讨好所有人,或至少不让别人感到不快。这并不难,但这会让你的演讲变得空洞,辞藻华丽却没有任何深刻的思想,平淡又庸常。当然,我们也不必过分追求标新立异,我们的话的确可能会让一些人不满,或者让自己显得滑稽可笑,但这正是我们说真话、说事实必须承担的风险。"滑稽"不仅不会伤害我们,而且很快就会消失在人们的记忆中。我们通常无法真正理解导致"滑稽"的原因。一位害羞、口吃的演讲者向公众道歉:

"对不起，我不习惯站在台上。"他可能觉得自己很可笑，但他的口吃比他仪表堂堂的外貌更能激发听众的同理心。

→ **"我没什么可说的。"**

真的吗？拿出一张纸和一支笔，写下五分钟之内在你脑海中出现的东西，计时开始。定下目标，不要回头读你写了什么！只管肆意地写，试着抓住那些在脑海中一闪而过的想法。你可以这样开头："我有五分钟，但我不知道要写什么……怎么写下去呢？"然后回溯一下自己脑海中出现的东西，找出主要想法。它可能不是什么重要的事情，但这些关于男朋友、晚饭菜单、想买的新篮球鞋或者要交的报告等东拉西扯的话，可能会引出一些重要的事情，这可能会成为你演讲的开头。你有话要说，一些想法萦绕在心头，如果你觉得别人不会对它感兴趣，那就大错特错了。当我们热情洋溢的时候，我们也变得无比迷人！不论你想到的是男朋友、晚餐菜单、要买的篮球鞋还是要交的报告，这背后隐藏着每个人都会遇到的普遍的现实和忧虑，如果你真诚地分享，他们就能感受到。

→ **"我永远也成不了像狄摩西尼、夏尔·戴高乐、史蒂夫·乔布斯、贝拉克·奥巴马、佩里耶夫人一样的人……"**

多幸运啊！你会成为你自己，你有自己的标准、风格、说话方式、表达习惯……你只需要多一点信心，再多一点技巧，让自己不被紧张或准备不足的压力打倒。

→ **"口才是为了操纵别人。"**

口才是一门工具，让你把信息以口头方式更好地传递给公众。

为了实现这一点，演讲者经常要调动起听众的情绪、条件反射和非理性的想法。但如果相信我们能够把一个想法强加给听众，那就太天真了。我们最多能够把我们的观点以一种易于接受的方式呈现出来，启发其他人寻找一些他们没有想过的观点，并且将这些观点包装得更吸引人。这种影响有时候会被用来达到一些不正当的目的，比如将谎言包装得可信又有说服力，但它也能产生积极的效果，如激励、鼓舞对方重拾勇气。学习这些窍门，你就不会被他人的小花招骗到！

→ "口才，就是资产阶级的把戏！"

"说漂亮话"可远远不是只靠口才就能做到的！当出生的环境里人人都善于辞令，从很小的时候就不得不在一些社交场合和别人寒暄交谈的时候，我们当然会觉得开口说话是件很自然的事情。但我们的口才并不因此而变得更好！发言者的激情、信念、要传递的信息应该被条理清晰地、重点突出地、熟练地展示，但绝不该被凭空捏造出来。口才是为所有想要说话的人准备的技巧，不是某些精英教育理念规定了"应该说什么和应该怎么说"，你就必须遵从。有时候沉默比滔滔不绝更有说服力，灵光乍现比周全的准备更能引起共鸣。

你是哪种演讲者？

回答这个问题之前花时间好好想想，找出你在面对公众的时候有什么样的特点。阅读下列问题并圈出与你相符的回答，将选项前的序号数值相加，得到你的总分数。

→ **你的老板或老师让你就一个你十分了解的主题做一番介绍，你感觉：**

1. 恐惧：我觉得自己能力不够。
2. 紧张：这是我熟悉的主题，我不允许自己犯错！
3. 激动：终于轮到我惊艳全场了！

→ **当你和朋友吃饭的时候，你：**

1. 什么都不敢说，担心自己沦为笑柄。
2. 想要说些什么，但总是不知道该怎么接话。
3. 牢牢掌握话语权，所有人只能听你说话。
4. "狙击手"式：不常开口，一旦开口总是一针见血。
5. "乒乓球运动员"式："反手"一句"这让我想到"，再"正手"一句"啊，我昨天正好……"

→ **对你来说，好的演讲者是：**

1. 对主题了如指掌，能回答任何问题。
2. 懂得如何推销自己的观点，赢得拥护。
3. 舒服、有趣、迷人的，让你度过一段美好的时光。

→ **在会议或课堂上，你毫无准备地被问到一个你不太了解的问题，你：**

1. 不知所措，只会"呃呃呃……"。
2. 感到困窘，你试着回避这个问题，或者只回答一部分。

3. 充满信心:"给我一点时间,我要想一想。我下午给您回复。"

→ **人们在政治问题上争得面红耳赤,你:**

1. 赶紧离开!千万别碰这些敏感话题。
2. 想要参与讨论,但不太知道该说什么,更多时候是等着别人询问你的看法。
3. 毫不留情地打断和你意见相左的人的发言。
4. 引经据典,用论据维护你的观点。

→ **如果你能够选择听众,你希望他们是:**

1. 友好的,是一些你认识并且会让你在他们面前很放松的人。
2. 专家,能够理解你的行话或者语言风格的隐含意义。
3. 专注的、亲切的、鼓舞人心的。

→ **你约定了面试时间,或和人约了讨论涨薪的事情。你:**

1. 什么都不准备!只要谈自己就好,这个话题你再熟悉不过。
2. 准备了详尽的、修改好的文件,牢牢记住了一些话,在陈述经历或提出要求的时候用。
3. 准备了一些笔记,标注了与公司相关的一些重要数字和面试陈述的逻辑大纲。

→ **在演讲中,你说错了一个词。你会:**

1. 结巴、脸红,希望没有人注意到。
2. 道歉并重说一遍。
3. 深呼吸,下次更注意口齿清晰。

4. 和观众开个玩笑，然后再清楚地说一遍。

→ **你对某人有了动心的感觉。你会：**

1. 静静地看着他（她）。如果有勇气的话，给他（她）写一封信。
2. 给他写信或发消息，但不敢面对他（她）的回复。
3. 保持幻想，开一些别人听不懂的玩笑。
4. 约他（她）出来谈谈，表达你的心意。

→ **你要让雇员改掉一些毛病。你：**

1. 采取被动-攻击①态度，希望他清楚自己要改进的地方。
2. 列一个长长的表，批评他的态度、言辞、工作……
3. 让他来见你，摆出事实，听他辩解，问他准备怎么改善。

→ **辩论中，对方对你进行人身攻击。你：**

1. 对这个卑劣攻击感到猝不及防，不知如何回应。
2. 以同样的口气予以回击。
3. 让公众评判。保持冷静，向听众展示对方言论里的虚伪。

→ **你觉得一个好的作家会是一个好的演讲者吗？**

1. 是的！有概括性、清楚、风格鲜明、拥有阐述的能力是表达的关键，也就是写作和演讲的关键。
2. 不！口才是抓住时机说出恰到好处的话。比起在合适的时

---

① 被动-攻击：又称消极对抗，即用消极的、恶劣的、隐蔽的方式发泄愤怒情绪，以此来"攻击"令人不满意的人或事。

间说了不合时宜的话，或是找不到合适的时机表达，这要难得多。

3. 知道如何写作并润色发言有助于准备演讲，但这只是必要不充分条件。

→ **你有紧急的事情要对一位同事说，但现在联系不到他，你会：**

1. 拜托其他人帮你传话。
2. 给他写一封邮件，注明"紧急"。
3. 给他留言，解释清楚你的目的。

→ **你要帮助你的孩子或朋友通过口试。你：**

1. 让他自己背诵课文。
2. 让他看历年考试题目并对答案进行模仿练习。
3. 提一些隐含陷阱的问题。

→ **当你看见自己出现在视频里的时候，你：**

1. 最多只能看几秒钟。你的样子、你说的话都让自己感到恶心。
2. 很难受，但强迫自己找到今后可改进的地方。
3. 感到很自然，你说了该说的，这是最重要的。

→ **在演讲之后你希望别人这样称赞你：**

1. "你当时很有范儿！我对你印象深刻！"
2. "演讲很好！"
3. "听你的演讲我不觉得尴尬！"
4. "我完全被你说服了！"

把你的得分加总！

15~25 分
驯兽师：一点一点地驯服你的听众

你感觉和你的听众处于某种力量关系中，他们可能是招聘面试官、朋友、同事或广泛的受众。听众是一种多么奇怪的动物啊！你不知道是该暴力驯服还是温柔驯养他们。是该给一些蛋糕、蜂蜜，还是给他们一棒子？你犹豫不决。听众的每个意想不到的反应都会让你怀疑自己的选择。当你面前的听众像监考人或比赛裁判一样评判你的时候，强硬的态度也许更有效，但大部分时间听众是友善的，他们来是为了听你说。不要让自己成为被掌控的一方，否则结果只会是把自己的头送进狮子的嘴里。

25~35 分
作家：写作的幸福

演讲是重要的！不论人们喜不喜欢你，也不论他们听不听你的，好的演讲就是好的演讲，无须他人肯定。你说话是为了字词的优美、用词的准确、词句的优雅和观点的一针见血。你知道如何以第一人称表达普遍情感。但不要把自己隐藏在文字之后！不要满足于写作或只为自己发声，公众都等着你呢。口头表达有其特殊性：它更加自然而然地产生，动作、重音、言辞赋予它多重意义。演讲时你会与公众有更多交流。别错过这一乐趣！

35~45 分
拳击手：绝不认输！

他人的攻击让你激动，有回击的欲望，汗水推着你不断向前。你是风险偏好者，你喜欢和对手在台上对抗的感觉，甚至愿意主动找冷漠的或充满敌意的人做你的听众。你是一个战士！但记得不要有太多的攻击性。辩论的目的是在听众心里种下新的观点，唤醒新的想法，而不是不顾一切地证明自己才是有理的一方。避免细节上的争吵，说话不要像个功利的"地毯商"那样和听众就某个细节讨价还价。

45~55 分
织布工：从和每个人的联系中创造新事物

编织和写文章是同源的：都是从每个故事中抽出"线"来"织"在一起，创造一些坚固又美丽的事物。公众在倾听你的表达，也许对你而言说话更多的是分享，但不要忘记抓住这根"线"，把你想说的话和实际传递给观众的内容联系起来。

第一章

做好准备

"对,我有点夸张!但无论从理论上还是实际情况来看,我觉得这种夸张都很有必要!"

——埃德蒙·罗斯丹《大鼻子情圣》

"做好准备"指的是演讲者应该做好正式演讲前的准备工作，即保持正立姿态。演讲的时候当然不能像木桩一样僵硬地站着，但是保持稳定的姿态能让你看起来充满信心，说话时通体舒畅，可以减少你演讲过程中的小动作。

动作尽量夸张

羞怯会让你拘谨，让你想隐藏自己或者逃走。别向它屈服！努力让自己表达清楚，动作尽量夸张，站得越直越好，语调要夸张得恰到好处，比平时更用力地笑。这些动作让我们对自己充满信心，也让我们更加具有感染力。而所有这一切都是通过演讲时的外在表现传达出来的！

演讲就是一次戏剧练习

观众实际接收到的信息和你以为观众接收到的信息并不一样。你觉得这几秒停顿似乎长得永无尽头，观众却可能什么也没有注意到。他们听到的你的声音和你自己听到的你的声音是不一样的——这也就是为什么人们听到音频或视频里自己的声音总感觉很古怪。你觉得自己很坚定，但听众觉得你很高傲，你觉得自己很滑稽，观众却对你的幽默赞赏不已。在演讲者和听众之间似乎有一道看不见的屏障：所说的、所听到的、所理解的、所意会的、所记住的……都不一样。被误解的风险无处不在！所以夸张的表现才能打破舞台的屏障，才能让听众听到你真正想说的。

实践一下

站直，身体保持平衡（不要把手倚靠在桌子上或把全身的重量都放在一只脚上）。腹部收紧，双肩下沉，微微抬头保持平视。这样的姿态会让你看起来更自信，你也会对自己更有信心。保持正立姿态，能有效减少紧张带来的小动作，比如双腿颤抖、拨弄头发、手不停地画圈等等。

水瓶挑战

头顶水瓶保持平衡，同时朗读拉封丹的寓言诗《橡树和芦苇》的选段，注意要吐字清晰。

一天，橡树对芦苇讲：
"你很有理由指责大自然；
一只戴菊莺对你来说是副重担；
一阵微风偶尔掠过，
吹皱了那一片湖面，
迫使你把脑袋垂低；
然而我的头颅好像高加索山，
不但可以阻挡住太阳的光线，
又能抵挡风暴的威力。"

语调夸张

"这个初出茅庐的女社会党人符合弦（选）举法吗？"克劳德·盖安特不是唯一一个因为嘴瓢而吃了苦头的人，但只要稍加注意再勤加练习，很容易就能改正过来……别犹豫，夸张地说出来，再多的抑扬顿挫都不为过！你听出"我……我……爱你"和"我爱你！"的区别了吗？你觉得哪句话更可信：是声音像蚊子嗡嗡的，还是每个音节都掷地有声的？

慢慢地说

紧张或者读得太快都会让我们口齿不清：要想说话清晰就必须放慢节奏。让节奏慢下来，这能让你更自如、更从容不迫地表达，观众也更能明白你的意思。你的话越清晰，就越能让观众印象深刻。

绕口令

试着尽可能清晰地读出下面的句子。[①]

一个好的猎手没有猎狗也知道如何捕猎。（*Un chasseur sachant chasser sans ses chiens de chasse est un bon chasseur.*）

建筑师，大公夫人的袜子干了吗？（*Les chaussettes de l'archiduchesse sont-elles sèches, archisèches ?*）

---

① 以下绕口令原文均为法语。——译者注

十六把椅子干了。(*Seize chaises sèchent.*)

还有十三颗新鲜的草莓。(*Il reste treize fraises fraîches.*)

一盘满满的扁面条。(*Un plat plein de pâtes plates.*)

会多种语言（或想要挑战自我）的人，也可以尝试：

英语： *A big pink pig.* （一头粉色大猪。）

西班牙语： *Camaronero descamaronámelo.* （捕虾人，给我解开镣铐。）

德语： *Zwischen zweiundzwanzig Zwetschgenzweigen zittern zweiundzwanzig zwitschernde Schwalben.* （在二十二棵梅花树的枝头跳跃着二十二只啁啾的燕子。）

第二章

加强存在感

> "夸张,
> 就是
> 开始
> 创造。"

——法国五月风暴标语

法语里"魅力"(charisme)和"给予"(charité)是同源词,都来自希腊语"χα'ρισμα",意为赠予、恩赐。虽然我们不能真的"给予恩赐",但我们可以学着这么做。大自然没有给我们一米九的身高、橄榄球运动员般宽阔的肩膀和男高音的嗓子,但我们一样能够俘获观众的心。德摩西尼结巴,丘吉尔口齿不清,他们勤修苦练,改善个人弱点。希特勒在演讲前会叫人拍照片以纠正自己的姿势,事实证明他的方法十分有效,演讲大获成功(虽然这并不是件值得庆祝的事)。演讲是一门艺术,才华、天赋确实重要,但技巧同样不可忽视。只要善于利用,缺点也能转化成优点。气场这种东西,甚至在你说话之前就已经替你"开口"了,人们从你的姿态、眼神、沉默中读出你的气场。要想很好地掌控自己,必须从一上台就控制好自己的各种行为。

应当避免的事(以及如何避免)

过犹不及

诙谐和可笑只有一线之隔!动作太多、太急,语速太快,开一连串玩笑却不给观众留下反应的时间,这些都会让你的形象大打折扣,也会让你失去他们的信任。

别做习惯动作或其他小动作

关于这一点,可以回去看看讲站姿的部分。(见第 15 页)

应当做到的事

控制好你的声音

为了避免出现声音颤抖、口头禅、突然忘词或说话"嗯嗯啊啊"等情况，稿子必须烂熟于心，更重要的是，慢慢说！胸式呼吸能让你更容易找到胸腔发声的感觉：一只手紧贴胸前，一只手做号角状连接嘴和耳朵，听自己说话，注意呼吸时不要耸肩。

浓缩才是精华

说话不在多而在精！关注重点：你想说什么，你想让观众记住什么。简洁高效才是最有魅力的！

慢慢说

语速、语调、动作都很重要。语速慢下来，把事情说清楚。这能帮你预判自己可能要结巴或说口头禅了，你要努力避免发生这类情况，或者至少用停顿掩盖过去。

充分准备

我们都听过德摩西尼练习演讲技巧的故事：为了克服口吃，他含着石头练习发音，又到浪声呼号的海边去练习演说，增强自己的音量；为了改掉演讲时肩膀的动作，他在腋下夹了一把剑，一做习惯性动作，剑就会刺他一下；此外，他还把自己的胡子和头发剃光，断了自己离开洞穴的念头[①]，只能安心练习演讲。德摩西尼坚忍不拔的精神值得我们学习！

挑战

你身边的朋友、亲人中谁是最有威严的人？和他/她玩一玩"谁笑谁先输"的游戏！谁先被逗笑，谁就输了！！

[①] 古希腊人认为胡须是男性的智慧和成熟的象征，因此很少剃须。

第三章

如何善用双手?

"手是思想的刀锋。"

——德斯蒙德·莫里斯

经常有人问我演讲时手要怎么放。你看，只有上台的时候我们才会想这种问题！现实生活中，我们频繁地使用双手，几乎一刻不停——晾干指甲油的过程中，还要注意不碰坏它，这可不是件容易的事——手由此发展出了令人惊叹的力量和灵活性。它能抓取、拍打、撕扯，还能弹竖琴、触摸或敲击键盘。它是如此精确又敏感，一些语言的使用完全依赖于它：阅读盲文需要有和视觉一样敏锐的触觉。这种符号语言书写之精细，差别之细微，其要求和吐字清晰的要求不相上下。

别忘记可以用手来加强、阐明、解释和支持你的演讲。手连着手臂，它也能帮你有力地表达想法，特别是传达言外之意。双臂可以展示出言语背后的力量和意愿：你的动作能够表达胜利、欢迎和言语中的真诚。

即兴演讲中，手和手臂也很有帮助：用手势代替未说出口的话，突出和加强语气，有时也可以鼓动气氛。它把观点印入观众的脑海，让思想在舞台上鲜活起来。

应当避免的事（以及如何避免）

不要表现得太过僵硬

专注于演讲，而不是手的动作！比如，不要把手交叉放在胸前，这会让人觉得你很封闭，也会阻碍你的动作；但如果你觉得交叉双臂更加自然，那么这总比做一些琐碎的动作让自己和观众分心要好。

不要把手藏起来

把手藏起来会给人一种你在逃避或自我封闭的信号,表示你似乎拒绝对话。尤其要注意,不要把手插在兜里或腋下,这些动作有很强的暗示意味!

如果有讲稿的话,不要把它拿在手上

拿着演讲稿的手可能会颤抖,这会让全场都看到你有多紧张。如果不能脱稿,把讲稿做得越小越好,放在桌上或演讲台上。

有无笔记

理想情况下,你不需要使用讲稿,或者只有几条笔记。

如果你要把讲稿写下来,记得用大号字体,单面打印,而且间隔要大。可以把稿子平摊在桌上或演讲台上,这样就不用翻页。或者,你可以一边演讲一边翻页,但记得不要低头看。律师们有时候会把刚讲过的稿子扔到地上,以防弄错顺序:试一试,这种方法非常有效,甚至会让你大吃一惊!

应当做到的事

让你的演讲变得直观

手可以展示数字，指示方向，模仿动作，描摹轮廓……

在演讲中加入手势

手势可以让语义更加清晰可见：对立或选择（双手对称），团结（两手交握），欢迎（张开双臂），明确（两手大拇指和食指相触，安吉拉·默克尔演讲时经常使用这个三角手势来加强观点），胜利和信心（高举双臂），等等。埃马纽埃尔·马克龙那句著名的"因为这是我们的方案！"也因为他充满激情地高举的双臂而更加有力。无论人们是喜欢还是厌恶，这都会让他们印象深刻。

第四章

规范发音

"他懂得如何让观众一听到他说的'美味'就仿佛咬了一口鲜美多汁的桃子。"

——利希滕贝格

很久以前就有专门教发音的老师和课程。读诗要尊重古典诗歌规则和其中的情感，这曾经是一门艺术，而现在仍然是！观众总是能发现你发音和联诵①的错误。这是一门低调的艺术，为了做到字正腔圆，我们需要保持注意力集中，并在平时勤加练习。

"宣告"（prononcer）指的是像宣读判决一样威严地对公众说话。 "表态"（se prononcer）是选择，是坚定地做出决定。当你以合适的方式"说"的时候，你的话会更加有力量，更加坚定，更加有感染力。你听出"不知道"和"不！知！道！"的区别了吗？

给自己吐字清晰的时间

"说话别嘟嘟囔囔""别齉声齉气"……我们都知道说话要吐字清晰，但该怎么做呢？一边演讲，还要一边关注自己的发音，这可不是件容易的事情。我们该如何保持专注呢？

熟悉你的讲稿

你当然得完全熟悉你的讲稿，达到即使紧张也不会磕巴的程度；如果是即兴演讲，不要用那些过于复杂的词，因为在这些词上你可能会犹豫。保证简单清晰：想说什么就直接说，就像在给朋友解释一样。

---

① 联诵是法语单词中最后一个通常不发音的辅音字母在下一个词为元音开头时，由于节奏组的需要而发音，且合并到后续元音的现象。——译者注

深呼吸，慢慢来

紧张会导致我们吞音，思绪混乱，在最简单的词上也会磕磕巴巴。演讲或做报告前深呼吸，特别是刚上台的那几秒钟，别慌张，安静地看着观众就好。

咬笔念绕口令

咬住一支笔，念绕口令的时候别让它掉下来：
（可以朗读第一章的绕口令）
一个好的猎人……

或者：

Chez les Papous, il y a des Papous papas et des Papous pas papas et des Papous à poux et des Papous pas à poux. Donc chez les Papous, il y a des Papous papas à poux et des Papous papas pas à poux et des Papous pas papas à poux et des Papous pas papas pas à poux……

（在巴布亚人中，有是爸爸的巴布亚人和不是爸爸的巴布亚人，

有有虱子的巴布亚人和没有虱子的巴布亚人。

所以，在巴布亚人中，有有虱子是爸爸的巴布亚人和没有虱子但是爸爸的巴布亚人

也有不是爸爸但有虱子的巴布亚人和不是爸爸也没有虱子的巴布亚人。）

> **注意联诵！**

"J'ai-z-été à l'école"（我去过学校了），"Je vais t-à-l'école"（我要去学校了）……一些错误的联诵可能会让观众听着不舒服，也会让你的演讲减分。复杂的发音细节先不说，但要注意法语里一些"h"是不联诵的，如果说错了，可以把这句话重新说一遍，如果你有讲稿的话，可以把最容易出现联诵错误的地方重点标注出来。

与其说得太快，不如说得简单

在台上我们常常语速过快，一方面是因为紧张，另一方面是我们熟悉讲稿。但是听众需要理解的时间。给演讲留白，也给自己留一些喘息的时间。这会让你的句子更简洁，发音更清晰，演讲更清楚。更重要的是，观众会更容易理解你说的内容，记住，观众面前可没有讲稿！

提高音量，改变语调！

比平时说话更大声

你看见坐在房间最后一排的那个人了吗？声音要足够大，让坐在后面的人也能清晰地听见你的声音。这有助于你抓住观众的注意力，让你更加自信，也能更好地帮你找到合适的音量。人们听着男高音是很难打瞌睡或说闲话的！

从一开始就要找到最合适的音量，随后根据情况调整

有时候，放低声音甚至轻声低语是很有用的，好像在和听众说悄悄话，也能让听众不得不安静下来听你说话。或者突然抬高声音来强调观点，突出角色，或者叫醒昏昏欲睡的听众。

- **说话的方式简单点，就像儿歌一样：**

我们喝一杯吧，我的剪枝刀丢了，但刀柄……刀柄找回来了！（法国儿歌）

- **从改变元音的重复练习开始：**

巴哇扎卡吗撒趴阿啪嗒，吗啦吗叉吗吗啦吗叉哈啦瓦纳！（音译）

（ *Bava za ka ma sarpat a parda, ma la macha ma la macha ha ravana！* ）

- **加大难度，练习 on 和 ou 音：**

不吾组木速卜勿卜都，目路目术，目路目术勿护勿怒。（音译）

（ *Bouvou zou kou mou sourpout ou pourdou, mou lou mouchou, mou lou mouchou hou rouvounou！* ）

当你完全掌握了句子的发音，就要练习通过改变语调来表达

不同的情绪：生气、忧愁、快乐、惊喜。调整重音，表现出情绪的递进：当你发现刀柄回来了的时候很开心，然后感觉很幸福，随后变得欢欣不已，最后喜悦之情溢于言表。

- **在做上面的练习的时候有口音？**

如果你有口音，好好利用它！这就是一种财富：口音让你的演讲有一种独特的味道。

如果你会模仿口音，也要好好利用它……不过要注意分寸。这当然是给演讲增添幽默的好方法，但不要滥用。

小窍门

秘密武器是一瓶水。这听起来很傻，但当你做报告的时候糊里糊涂，或者想找个借口喘口气再重新开始的时候，这瓶水可能就是你的救命稻草。记得在演讲台下、桌子上或者手边备一瓶水。

有人建议在开口演讲之前喝一些酒精饮料，但其实没必要依靠这个来放松自己或建立自信！酒精只会让你头脑昏沉，舌头打结，没有比这更糟糕的事了。

挑战

边说话边往嘴里塞棉花糖，看看可以正常说话的情况下最多能塞下多少颗。

LE PUBLIC EST UN
PARTENAIRE,
PAS UN JUGE !

第五章

听众是朋友而不是裁判!

"恐惧和才华相生相伴。"

——莎拉·伯恩哈特

怯场，是上台面对公众前的怀疑和恐惧。 我们希望呈现出自己最好的一面，但观众能明白这一点吗？我们够好吗？恐惧可以是一种动力，在临场时踹你一脚让你上台，你的肾上腺素飙升，又在观众的掌声中渐渐恢复。把恐惧当作同伴！这是一头精力充沛但小心谨慎的野兽，在练习和信任中一点点被驯化。

而焦虑，是一只更具攻击性、更不可预料、占有欲更强的动物。 没有充足的准备和坚定的意志，我们难以将它驯服。焦虑源于矜持、被人评判的恐惧和登台说话的羞怯。它让我们心跳加快，嘴唇干燥，张不开嘴，甚至胃部痉挛。不要任由它发展，冷静下来，深呼吸，直视听众，控制身体动作，提醒自己：观众不是来评判你的，而是来听你说话的。

假设（和夸张）！

你不能用醋捕捉苍蝇！

一场单调的演讲，不仅不会被人喜欢，也不会被人记住，更不会被人理解。一场生动又吸引人的演讲，并不需要长篇大论地展示你精彩的想法或无可指摘的论证，仅仅需要把基础做好，它就值得一听。好消息是：只需要稍加练习，你就能更加自然地做一次自如生动的演讲，而不是只会低头读稿。

当我们登上舞台，或准备在公众面前、在他人的注视下分享我们的想法的时候，最可笑的事情可能就是拒绝登台。如果你拒绝可能被人嘲笑的机会，那你就根本没有参与到游戏中来！

伟大的演员或演讲者总是会表现得比较夸张，以打破舞台与观众之间的障碍：他们说话的声音会更大，动作更有力，他们说话抑扬顿挫，或者刻意沉默几秒。如果你的态度能适度夸张一点，它们会更有力量，比如在极限条件下推理，关注对话之外的事情，言辞尽量夸张。想象你在给你的演讲化妆：嘴唇再红一点更性感，睫毛再黑一点更诱人。你的长相没有改变，只是让五官更突出罢了。

学会把控分寸

幽默有趣和荒唐可笑之间的平衡当然很难把握。

你可以在演讲中多加几个笑话，但界限在哪儿？这并不取决于演讲类型，在引人入胜的艺术诠释学的会议上可以用，在单人脱口秀上也可以用。这取决于观众，要对他们的反应保持关注，注意他们是否表现出厌倦。

小窍门

为了让观众进入状态，也为了给观众带去积极的影响，前几秒钟是至关重要的！在开口之前，你对观众的影响就已经开始了。为了让你的演讲更可信，也让你更有信心，在开始演讲之前要"立住场子"。人们常说："沉默之后的莫扎特还是莫扎特。"曲前的沉默为后来的演奏做好了准备。

注意倾听

好的演讲者懂得在听众打喷嚏的时候递上一句"祝您长命百岁"。他对观众保持关注，并配合他们，演讲者和听众之间通过叹息、注视、哈欠等无数个细小的动作产生了一种奇妙的联系，这种联系让他们产生共情。一位富有激情的演讲者是具有感染力的，同样，一位无趣的演讲者会让听众感到烦闷。

如果可能的话，开始演讲前和观众聊聊天。和到场的人打招呼，向他们提问，问问他们对演讲的期待。你和他们越熟悉，他们和你越亲近，你就越不会感到不自然。

问问自己为什么在这儿

为了传递信息，为了让观众记住这些信息。不是吗？现在你是管弦乐队的指挥，你指挥乐队加入颤音，给音乐注入激情和力量，但你还需要另一些"乐器"：你需要学会控制自己的紧张，将恐惧变成朋友，把你面前的人看作伙伴而不是裁判。

"逗笑观众，驱散他们的烦恼。就算他们看不起你，或者转头就忘了你，也没有关系。人们总是忘记那些曾经帮助过他们的人。"

——萨卡·圭特瑞

SOUS TENSION

第六章

紧凑的演讲

"所有的决定
都是否定。"

——斯宾诺莎

怎么让任意一个话题都变得有趣？答案就是，发掘出其中有趣的地方！这听起来似乎不言而喻，但当我们做最新产品介绍或西哈萨克斯坦州科技商业关系变化主题报告的时候，可能就不这么想了……

主题要做得有趣，关键在如何切入：为了确保抓住观众（专家也好，非专家也罢）的注意力，首要任务就是挑明矛盾。你的问题为什么有意思？什么地方解释不通？相互矛盾的事物或概念是什么？

找出矛盾

循序渐进，别想着立刻确定大纲！

当你研究话题的时候，第一步应当是找出观众感兴趣的矛盾：你需要知道如何调和这些相关的概念，并最终给出你的回答。

突出矛盾

向观众展示另一种方案，并强调双方的差异。这很容易理解，但实际上这种对立正是演讲的关键：如何解决这种对立？最终是一方的胜利，还是两方的妥协？

善用"……然而……"

罗密欧爱朱丽叶。朱丽叶爱罗密欧。这是意大利贵族阶层两个青年间平平无奇的爱情故事。但如果加上"他们的家族相互厌恶",故事就变得有趣起来了!把这个方法套用在任何主题上都很有效:该主题涉及或者可能涉及哪些矛盾。找出矛盾的好办法就是用"然而"引出问题,试一试,对立的感觉立刻就凸显出来了。比如,法庭有权判处死刑,然而法庭也会犯错啊!巧克力对健康有好处,然而它却含大量糖分。当然,你在演讲中的问题很少以这种形式出现,但它能让矛盾更加突出,有利于你组织思路,列出大纲。

> **挑战**
>
> 找半天时间,在所有的问题后面都加上"然而……"。比如:"你想去哪儿吃饭?"变成"去吃亚洲菜?然而街尾那家很好吃的意大利餐厅开门了呢!"

利用矛盾

每个主题下的问题可远不止一个！

最显而易见的就是对术语的定义。如何定义一个词？先要知道它不是什么，翻开近义词词典，找到相近的词，思考它们之间的区别。比如，演讲的主题是"怀疑"（défiance），应该知道怀疑（défiance）不是失信（méfiance）：我们只会对熟悉的人或事失去信任，而常常对陌生的事物保持怀疑。怀疑在某种程度上暗含了迟疑、恐惧和无知的意思。

一些成对出现的概念是很好的切入点，能让你有针对性而又不失深度地应对任何主题。比如：教育和培训，自由和独立，社会和国家，正义和法律。

突出对立

记得吗，音调和节奏的突然改变——声音戛然而止——沉默，一切能打破演讲单调乏味的手段都可以用起来，但也不能滥用。论点也可能在旧调重弹，为了保证演讲全程的紧凑并且吸引观众的注意，可以强化对比！制造情景的对立、人物的对立、想法的对立、场景的对立，将这些对立为你所用！喜剧搭档劳雷尔（Laurel）和哈代（Hardy）或者漫画《阿斯泰克斯和奥贝里克斯》（*Astérix et Obélix*）带来的就是这样的效果：对立产生丰富的故事。

> **练习**
>
> 模仿法国诗人杜·贝莱笔下的老妇人讽刺诗，给你蔑视或讨厌的谄媚之人写一首诗，描绘其形象：

噢，你美丽的银发，扭成了麻花。
噢，你布满皱纹的慈祥的额头！还有，金黄的脸庞！
噢，水晶般的眼睛，多美的大嘴啊！
还有嘴角两侧深深的折痕。
美丽的乌木般的牙齿啊！噢，如同宝物般珍稀，
你一笑每一个灵魂都爱上了你！
噢，你金丝嵌花般的喉咙上有一百道褶皱！
还有，你美丽的大乳房，正配得上你美丽的身体！
噢，你金黄的指甲啊！噢，你短小而丰满的手！
噢，你娇弱的大腿啊！噢，丰腴的小腿，
还有那我不可明说的地方！
噢，你美丽透明的身体！噢，玻璃般的四肢！
噢，美丽的圣女啊！请宽恕我，
作为凡人，我实在不敢爱您！

第七章

结构清晰，主次分明

> "口才出现在修辞之前,正如语言形成在语法之前。"
>
> ——伏尔泰

定题演讲不知从何处着手？想想你在哲学课上都学了什么！哲学从诞生之初就和辩论联系在一起。最早的哲学家们讲授修辞课程：他们教授组织论点和论据的规则，用以说服那些广场上的民众或法庭上的法官。

亚里士多德提出了说服的三大方法： 精神（ethos）诉求、情感（pathos）诉求和理性（logos）诉求。精神诉求是通过展现某种形象，输出某种价值观来说服人。这个词在法语里包含了伦理道德的含义。情感诉求，就是情绪，通过激起强烈的情绪，通过演讲中的激情来打动听众。理性诉求就是以理服人。将这三大要素以不同比例混合配比，就能形成一场好的演讲。

识别信息

表达简单明了

你要做的是口头演讲，不要将大把时间花在写稿上。在你的朋友面前演练一遍就够了，记得要言辞简洁，既不陷于细节，也不拘于格式。比如："我要在姐姐的婚礼上致辞，我想说，她是独一无二的，她教会了我很多，我祝她万事顺意。"看，你的演讲大纲就写好啦！

或者："我要在行业负责人面前介绍我们公司的新产品，我想向他们证明这是市场上最好的产品。"看，你要表达的重点（说服行业负责人）和信息（你们的产品是最好的）很明确。要实现它有很多办法：批评市场现状，把你们的产品和市场上现有的产品做比较，或者说明你们的产品满足了消费者的期待……

演讲的精髓不外乎这几点：说服某人，讲述某事，维护观点，阐明原则，传授经验……你要懂得如何把这些事说明白！每种类型的演讲都有一种惯用的框架。

练习

请你画一幅画，越简单越好，画好后不要给别人看。找一位朋友，一步一步和他解释作画的过程，然后请他画下来。如果你的描述足够清晰准确，两幅画应该会十分相似。

展开论述你的观点

你已经清楚地知道自己演讲的目的，那么是时候详细阐述两到三个观点来支持你的演讲了。最常见的情况是，辩论型演讲中，你要说服某人相信某事：那么找两到三个主要论据，并阐述清楚。

为什么是两到三个？这是从辩证法哲学中来的，我们从高中起就习惯了这样的结构。一个论据可能太少，很轻易就能被驳倒，四个或以上的论据就太多了，如果听众不做笔记的话，他们可能会觉得像听目录单一样冗长。两个观点可以制造一种对立感，三个观点能让你避免给出明确答案，还能显得你在选择观点的时候很有一手。把其他观点放到下次说吧！

头脑风暴！

头脑风暴是找到论据的最好方法。写下你脑海中出现的所有能支持你的观点的想法。如果可能的话，找找帮手，或者向他人寻求灵感，但只记录，不要评判！尽可能避免以下的想法，比如"不，这离我的主题太远了"或者"我不是很了解这个概念"。只管把所有能想到的内容记下来！

你比自己想象的更有创造力

如果没有灵感，你可以找一下前人在这个主题上说了或写了什么，这是拓展思路的好方法。你也可以从其他学科里寻找灵感：看些别的事情，想些和主题无关的东西，给大脑放个假，再回来构思你的演讲。

反向思考也能带来创新，回到一切想法的源头，对话题的基本原则提出质疑。如果你要谈论的是欧盟，那么问问自己，如果欧盟不存在会发生什么？如果要介绍的是公司的旗舰产品，那么想象一下，如果它消失了，或者从未被发明出来，会产生什么后果？

让伟大的想法诞生

如果你是个清空大脑才能思考的人，那么一旦有了想法，不论它在你看来是好是坏，是天马行空还是有理有据，是至关重要还是鸡毛蒜皮，都拿笔写下来；如果不喜欢涂涂改改，可以用荧光笔圈出最切题的想法。最好突出两到三个重要观点，其他的可以用解释、延伸、举例、阐明的方式作为补充。

将重要观点串成逻辑链

这样你就不会漏掉任何一环。只需要对每个观点都问自己一句："为什么？"你声称你的产品更棒，因为它比同类产品更实惠。你可以接着问，为什么它更便宜？因为它是用本地原材料生产的。那为什么本地原材料更便宜？因为运输费用更低，诸如此类。可能不适用于所有环节，但它至少能保证你的任意一个结论都不会毫无根据！相信你已经准备好面对所有的质疑声了。

观点主次分明

想好策略

演讲以最有力的论据开始，以出人意料的观点结束，把最薄弱的论证放在中间。希腊的演讲者建议以这种"涅斯托尔"式的顺序展开演讲，这是模仿了希腊神话中涅斯托尔排兵布阵的技巧：精英部队打头阵，最好的弓箭手殿后，最不坚定的士兵放在中间，避免他们临阵逃脱。

避免流水账

有人只是把观点罗列出来，既不体现它们的对立，也不把它们的前后联系或逻辑关系说清楚。其实可以采取递进的顺序，从最薄弱的到最有说服力的观点，之间用"首先""此外""特别是"等连接词串联。或者采用相反的顺序，先说关键论点，然后再展开阐述。以时间顺序展开是一种经典的行文思路，在叙述类文本中非常有用；或者倒叙，它可以用在讲述行程经历的时候（从结尾到开头）；或者按照主题分类，比如想从多个方面探究一个问题时，可以从政治、经济、社会等方面切入。

举例说明

一个论据，一个例子！

非即兴演讲最大的缺陷是：太抽象了。当我们思考完一个问题，把它写下来并反复阅读的时候，一切看上去都很清晰。但你的听众看到的只有在台上的你，听到的只有你的发言，而且他们可能在走神，可能很累了，或者对你说的东西一无所知。作为演讲者，你有义务用图片、例子、故事来抓住他们的注意力，减少他们思考的负载，让他们能通过这些"抓手"更容易地记住你的演讲。规则不是一成不变的，但它能指导我们找到平衡点：每提出一个观点,就用一件逸闻趣事,一句格言,一个形象的对比加以阐明。观众会为此感激你的!

挑战

你有一个天平和九枚钱币。其中一枚是假币,它比真币要重。请说明如何只称两次就找出假币。请向小朋友们解释清楚如何操作,限时一分钟(自己计时)。

是时候教孩子们一些数学逻辑啦!

第八章

五感的重要性

"百闻不如一见。"

——班固《汉书·赵充国传》

用整整一章来强调画面的重要性一点都不为过！**我们常常认为图片只是演讲的附属品，但事实上，是画面让演讲丰满起来。**有了图像，听众听你的演讲会更加顺耳，更加容易接受和记住你的观点。对你和听众来说，画面起到了标识的作用。

让图像替你说话！

激发你的感觉

想想草坪、芥末、茶叶，随便什么都行，想象自己被它们的味道、气味、声音包围。热水倒进杯里，茶包被冲泡得"咕噜咕噜"翻起气泡，水变成了棕褐色或琥珀色，你握住滚烫的茶杯时手心滚烫，茶叶的清香缓缓溢出……一茶一世界！

观众对"茶"这个字已经够熟悉的了，他们想要更多细节，让自己能够真正进入茶的世界。而你的任务正是触发他们的感觉，让他们如临其境。无须对地点、事物、外貌有精细的刻画，只需一个恰当的词就可以囊括了。比如，你还记得小学的课堂吗？每间教室都不一样，我们可以花几个小时详细描述它们！但只要说一句"黑板木槽里的粉笔"，提到拿着有手三倍那么大的海绵块、努力挥着手臂还够不到黑板上沿的擦黑板的学生，甚至只要提到墨水气味和上学第一天的新鲜感，就能让每个人都感觉自己回到了他们熟悉的、看见过的或者在书中读过的教室。

寻找共同的感受

有些感受我们以为只有自己有，但其实每个人都经历过。比如，袜子扔进洗衣机，洗完就找不到了；在长长的假期后回到久违的家；和迎面走来的人问好，却发现对方不是在和你打招呼的尴尬；滑进刚刚铺好的被子里的幸福感；穿着湿漉漉的鞋子走路的难受劲儿；袖子被门挂住……抓住这些感觉！这些微不足道的小细节背后是人的共同经历。优秀的摄影师懂得抓住历史性的时刻，那一幅幅画面是如此具有表现力，成为一个时代鲜活的标志。想做到这一点，没有什么秘诀！不过，当你说"你经历过……"的时候，对方以一种"我懂，我也是"的神态予以回应，你就已经成功入门了！

小窍门

颜色有很强的象征意义，并且在不同的人眼中，其象征意义是比较统一的。"非黑即白""羞愧得脸红""颠倒黑白"……类似的表达不少。别忘记为你的演讲加点"颜色"！

练习

闭上眼睛去探索一个新的地方或发现一个新的物件，试着描述它。动用你的触觉、嗅觉、听觉，甚至味觉。

应当避免的事

别被视觉限制了

我们处在一个视觉社会中,画面无处不在。我们用微笑代替问好!必须承认,耸肩、呕吐的表情或竖起大拇指对你眨眼的表情能传递出文字难以表达的情绪。

但其他感觉绝不该被忽略。我们经常受到图片的轰炸,却越来越不容易被它们打动。我们看见乞丐把脏兮兮的破布当被子,睡在湿冷的大马路上,我们看到报纸上残破的躯体,却无动于衷。我们学会了视若无睹。为了让演讲更加贴近生活,更加生动,你必须调动起其他感官。记得你是怎么和同事们讲昨天晚上的足球赛的吗?你和他们说现场有多热烈,那些好闻的或臭烘烘的气味,混杂着球迷的尖叫,画面立刻就变得生动且独一无二了!

> **练习**

描述一种味道。假装在给一个从没吃过牛角面包的人描述面包的味道,要把他馋得口水直流。

避免刻板印象

即使是冷门抽象的论据,如果能找到合适的图像加以说明,也能变得很有说服力。但请注意,当我们找图片的时候,很容易掉入刻板印象的陷阱中。切记不要加太多的元素，那会把演讲弄得不伦不类。

挑战

"地铁出了故障，我迟到了。"以这句话开头，编一个五分钟的故事（给自己计时）。让故事鲜活起来：扑面而来的各种气味，阳光灿烂，人们东拉西扯地说着话，街上车水马龙喧闹不停，人们的喘气声，曲折蜿蜒的河流，还有那些味道，那些触感，变干的嘴唇，湿冷的栏杆，黏脚的土地……你有五分钟，有好多好多东西可以说！

FIGURES LIBRES,
FIGURES IMPOSÉES...

第九章

灵活得体地使用修辞

> "一个简单比喻,便可从中产生爱情。"

——米兰·昆德拉《不能承受的生命之轻》

别被那些奇奇怪怪的修辞名称给弄晕了！但有几个修辞手法是值得一看的，它们最能带给你灵感，让你的句子像装点了宝石一样美丽，让你的演讲变得优雅、新颖、闪闪发亮。

正如宝石一样，修辞也不可滥用，否则便会显得品位不高。 修辞手法的使用要自然而然，同时又能让整个演讲更加出彩。

比喻和隐喻，阅读想法和图画

我们真的能说出什么全新的东西吗？柏拉图对此表示怀疑，他说，就算是神话里的怪物，也长着鹰的翅膀、马的身体、蜥蜴的头……这些都是现实中已经存在的。

比喻，或者把来源不同的几个想法联系到一起，就是创造力的主要来源之一。而这种组合方式几乎是无限的！

比喻或多或少是有逻辑的，从传统的"这个介绍就像一碗汤"到新奇的"地球像橙子一样蓝"。比喻也或多或少是诗意的，它能很好地给你的演讲创造画面感！让你的演讲像布鲁克林文身师手下的文身一样五彩斑斓。

对立和矛盾形容法

当你得不到回应,或听众对你的话置若罔闻,可以扔出一个相反的观点刺激一下他们:两个意义相反的词一对比,矛盾立显。词与词之间的相互碰撞会让语义更加清晰。明亮的星星每个人都能看见,没什么特别的,而黯淡的星光反而需要我们集中注意力,仔细去看。如果没有高乃依在《熙德》里的提点,我们可能不会想到还有这样的区别。

练习

把你最喜欢的食物当成一种修辞手法来用!比如:"提拉米苏,爆浆的提拉米苏!"或者"如果有一种味道能代表意大利,它就是提拉米苏。"

交错配列法和句式重复法,镜面艺术

把两件事对立起来,其制造的张力能吸引观众的注意,调动观众的想象力,还能满足我们对于对称美的嗜好。

如果说反论点是用相近的词表达完全相反的意义,那么交错配列法就是用对立的词表达相近的意思。文献中常常使用这种方法来表达思想，如"福兮祸之所倚，祸兮福之所伏"①，俗语中的"人吃饭是为了活着，活着不是为了吃饭"②，标语中的"我为人人，人人为我"③。

首语重复法，加深听众印象

首语重复法通过重复话语的某个部分来达到强调的效果，这对突出观点、烘托气氛、加深观众印象非常有效。人们惯用首语重复法，因为它对于演讲者和公众来说都很简单：无非是把几个词重复好几遍。在选择需要重复的部分时要特别注意，因为其他部分可能都会因此黯然失色。比如，我们都记得弗朗索瓦·奥朗德的那句"我是法国总统"，他还说了其他什么话，我们就都忘了……

---

① 原文：Celui qui s'élève sera abaissé, celui qui s'abaisse sera élevé.
② 原文：Il faut manger pour vivre, et non vivre pour manger.
③ 原文：Un pour tous, tous pour un !

首尾呼应，形成闭环

演讲中首尾呼应是非常有效的，甚至可以一句话重复出现贯穿全文，创造某种有记忆点的音律美。最理想的状态是，开头的话或画面在结尾处被赋予了新的意义。比如，电影《阿甘正传》以一片在风中飞旋的羽毛开头，又以这片羽毛结束。这样的设计不仅令人拍案叫绝，而且回味无穷。

夸张，打破限制

在戏剧中夸张是一种常用的手法，但必须夸张得恰到好处，让观众既不觉得别扭，也不过于感同身受。夸张的分寸比你想象中更难把握！为了不让演讲变得枯燥，也为了突破舞台的隔阂，演讲者常常需要做得更"多"。如果能用好夸张的技巧，普通的东西在台上也会变得很出彩，本就出彩的东西则会变得精妙绝伦，令人不快的事情会变得面目可憎……但记得不要滥用夸张，过犹不及！

拟人，让抽象的东西生动起来

拟人是以某种诗意的虚拟化来描述抽象的事物。它可以让你在比赛演讲、示爱或求婚的时候，话语更动听。但它不适用于公司汇报。在和股东们介绍公司营业额的时候最好不要使用拟人手法，否则汇报就失去了该有的效果。

挑战

挑战一下，发挥创造力，想一想夸赞妈妈的话："妈妈你真好……"

LA MÉMOIRE

第十章

记忆!

> "所有人都在抱怨他们记性不好,却没有人觉得自己判断力不够敏锐。"

——弗朗索瓦·德·拉罗什富科

害怕脑子一片空白？觉得自己是个金鱼脑子忘性大？有时候你会突然忘词或忘记某人的名字，说话结巴，怎么也想不起要说的那个词？**事实上，人的记忆分为很多种：对名称的记忆，对文字的记忆，对结构的记忆，对反射的记忆……各种记忆是相互促进的！**

演讲是一场有逻辑、结构清晰、形式规整的发言，目的在于感染公众，传递信息。这就要求演讲者不仅要掌握一定的技巧和方法，张弛有度，而且要有即兴演讲的能力，具备理论记忆和实践记忆。正如所有运动一样，必须了解规则，形成条件反射。反射的记忆是从观察模仿和练习中逐渐自然形成的。文字的记忆和结构的记忆需要更多的注意力，但所有人都可以做到。

专家把记忆分为短期记忆和长期记忆。短期记忆让我们在电话本上记录电话号码的同时就能记住这串数字，而长期记忆则负责记忆事件（情节性的）、知识（含义性的）、技能（程序性的）、信息（陈述性的）。所有这些记忆在学习演讲的时候都被调动起来，既要防止"忘词"，又要避免机械地"背诵"。

为什么要熟悉你的稿子？

脱稿能让你和观众有更多的互动机会。

动作更自由，你甚至不需要讲台。

即使提词器出故障了，稿子少了一页，或者找不到自己念到哪儿了，也不会手忙脚乱。

能更自由地临场发挥，现场加词或者根据观众的反应及时调整……总而言之，更好地做自己。

更好地把控时间，在观众走神的时候压缩稿子，在观众全神贯注的时候适当发挥。

保持关注

记忆的首要前提是观察

如果对所处的环境、看到的及听到的内容保持关注，你会更容易记住它们。例如，在课堂上注意力越集中，知识点就记得越牢固，这一点我们一定深有体会。而且很神奇的是，如果喜欢的同事换发型了，我们很快就能注意到……

练习

下次乘地铁或公交的时候，提前五分钟出门，回想一下路上行人的样子：他们外表如何，他们在做什么，他们穿什么衣服。多试几次，你会发现这个练习很有意思！

准备

不要把事情拖到最后一秒

长期记忆的形成需要重复和休息交替进行。在脑海中默念，在镜子或相机前练习或在亲人朋友面前试演，都不失为练习的好方法。在重复练习时，不需要全真模拟演练，最重要的是把演讲结构记住。

信心

如果你准备充分了，那就没有理由没信心

"我脑子记不住东西""我准备不够""我的演讲会是一场灾难"，这类消极的想法会让你此前的准备大打折扣，而且很可能会让你忘词。深呼吸，准备好面对这些消极想法，用积极的态度回应："每个人都能记住。""我很了解我的演讲主题。""观众是来学东西的，不是来评判我的。"

记住什么？

注意，演讲不是
把稿子一字不差地背下来

说服的艺术不是戏剧，一次不差地背稿子不仅会让观众觉得你不自然，他们也无法进入你的话语体系，而且会增加你的胆怯。记住主干结构就够了：要深入阐述的主要论点和几个引导的关键词。

记忆宫殿

想象一个你熟悉的地方：乡村、街区、学校、你的房子或朋友的房子、你的房间、公园等等。眼前的画面细节越多越好，好像在找一个能躲猫猫的地方。

在这个"记忆宫殿"里选一条线路，这条路的每个部分都对应你演讲的一个片段。给每个主要论点找一个对应的标志。这些标志可以直接代表观点本身，也可以是能让你想起论点的某个引子。比如，要在演讲中引用叔本华，你就可以在"记忆宫殿"的桌子上放一个啤酒杯。意义上的联想（啤酒杯/德国哲学家），或者声音上的联想［chope（大啤酒杯）/ Schopenhaur（叔本华）］都能让你想起这位哲学家。

当你经常被要求记住大量信息的时候，"记忆宫殿"会很有帮助，因为"记忆宫殿"可以无限次更新。但这也需要你花费时间不断地练习、不断地走进"记忆宫殿"。

善用标记

在智能手机和自动提醒设备出现之前，我们的爷爷奶奶会在手绢上打结来记录信息或提醒自己白天要做的事。视觉提醒是唤起我们对复杂想法的记忆的引子。用图画、标记、符号甚至是色码记笔记会很有帮助，画下划线、加粗也能让文章结构和逻辑更加清晰。

首字母缩合词

为了方便自己记忆，也为了方便听众按顺序记住你的演讲，缩略词不失为一个好方法。比如：处理客户关系的口诀（微笑，你好，注视，再见，谢谢），市场营销的4P理论（产品，价格，营销，渠道），提问六要素（谁，在哪里，什么时候，做了什么，怎么做的，为什么）；七大动机理论（安全，虚荣，新奇，舒适，金钱，同情，环境）……现在轮到你了，试一试，用这种方法记住你的演讲要素。

身体活动

音乐家通过演奏来记住选段，舞者通过练习来记住舞蹈，学生通过一遍遍朗读来记住字母表。长期重复的行为、表情、语气形成条件反射。同样，如果我们只用手指来记忆电子锁密码，总有一天会忘记；如果我们和百年前一样用同一首民谣背诵字母，那么文字背后的意义、说话和做事的方式就会和信息要素联系起来，固定地成为我们的身体记忆。尝试使用你的身体，特别是在演讲时配合手臂和手的动作,自然而然地,你就把演讲和手势一起记住了。

> **挑战**
> 背诵一首诗。什么,上次背诗还是很久以前了?

L'ÉCOUTE ACTIVE

第十一章

主 动 倾 听

> "倾听就是理解的最好方式。"
>
> ——博马舍

如果你想被人认为很健谈，或者希望别人和你聊天的时候感觉很舒服，那么千万不要做一个话痨！每个人都会说话，好好说话需要我们不断学习，而关于倾听，懂得倾听的人少之又少……**倾听是一门伟大的艺术。**倾听和赞美一样并非易事。真诚、谦逊、情商、分寸感缺一不可。如果希望别人对你袒露心扉，就试着带着善意，不加评判地、真诚地倾听。

全神贯注，真诚友善

谁都能看出来奉承和真诚赞美之间的区别。同样，心不在焉还是全神贯注也很容易分辨：目光游移闪躲，行为拘束，身体后倾，神色紧张，这些表现都会让对方觉得你不是"真的在和他面对面交谈"。解决办法非常简单：为了向对方展示你在对话中是全神贯注的，你必须把你的注意力倾注到他身上。你会惊讶地发现，当我们学会倾听，任何对话都变得妙趣横生。保持专注，和对方建立联系，适时提问，让交流更加深入。

如果希望被人以诚相待，首先要真诚待人

不做评判。这当然并不容易，但换位思考一下，没有人喜欢别人对自己评头论足，人人都觉得自己是出于好心，因此不应该被指责。批评总是会带来反抗，继而把交谈变成指责和辩解的斗

争。更糟糕的是，批评可能挑起怨恨，而善意的倾听却能发现问题，推动交谈的深入，改变人们对事情的看法。

鼓励继续说下去

不要打断对方

鼓励对方接着说下去，谈谈他了解的东西，向他寻求看法或建议，问问他的规划。大部分人在聊天时都存在这个问题：只关注自己，比起听到了什么，他们更关心自己刚刚说了什么、现在在说什么、等会儿应该说什么；他们很想得到一个在别人面前发表长篇大论的机会。

节选

"他（波尔托斯）不仅话多，而且嗓门儿大，不过，也应该说句公道话，他并不在乎别人听不听，只图说话的乐趣，也只图听见说话的乐趣。他无所不谈，只是不谈学问。……他爱慕虚荣，嘴又没个把儿，整个人如同水晶制品，让人看个通透。只有一件事会把琢磨他的人引入歧途，即听了他自吹自擂的话都信以为真。"

——亚历山大·仲马《三个火枪手》

微笑

法国哲学家列维纳斯把伦理道德概括为：看着对方的眼睛，在眼神交流中识别同类，认识自我，承认差距。微笑也是如此：笑容可以展示，也可以隐藏很多东西，而微笑时嘴唇、眼角和神态的变化，会在我们遇见他人的时候释放出易于亲近的信号。

丰富、灵动的表情会比一张僵硬、面无表情的脸让你显得更直爽友善。给出积极的反应！你之前可能听人说过："你笑起来的时候更好看！"这不是一个简单的恭维或不够尊重人的称赞，这是事实。我们微笑的时候显得更加平易近人。

练习

试着表现出一件心仪的东西给你带来的喜悦，可能是一份礼物，一个好消息，或一次让人感到舒服的见面。如果你不想微笑，做这个练习的效果会更好！

交换的不仅是信息

在交谈中，我们也分享情绪、计划、愿望，或者就是享受待在一起的感觉。简单的一句"天气阴沉，但雨过总会天晴"可能比长篇大论更能给人带来希望；希望更多地来自情感安慰而不是理性！对话的目的不是争出谁对谁错，而是带来希望，分享感受，传递积极的态度。同时，不要过度沉浸在坏消息里，而忘记自己可以向他人寻求安慰。保持真诚，保持同理心，为你的朋友们带去支持。

还有……

不必过分显示自我,只要鼓励别人就好——你会发现朋友们更喜欢你了!快去和他们谈谈吧!

重复对方的话

你可以重复对方的上一句话,或者总结一下,再用另一种方式表达,比如"所以,如果我没理解错的话……""换句话说……""是的,我懂了,这是说……"都是不错的方式。

提出开放式问题

提出一些不是用简单的"是"或"不是"就能回答的问题。如果可能的话,最好能调动起对方的兴趣、观点或想象力,比如:"你对……怎么看?""如果……你会怎么做?"可以问对方:"你觉得这个展览怎么样?"而不是:"你喜欢这个展览吗?"比起只需要回答喜欢或不喜欢,前一个问题更能促进深入的交流。

谈谈你的计划

跟我说说你的计划,我可能没办法知道你会成为什么样的人,会做什么样的事情,但我会更了解现在的你!"然后怎么样了?""结束之后,你想做什么呢?""嗯,那明年呢?"对这些问题的回答反映了对话者长期的理想、憧憬和价值观，也能从中看出他的性格特点。

挑战

下一次和朋友去看电影的时候，主动询问他的看法，听他说话：如果他是主角会怎么做，电影给他带来了什么启发，他下次要去看哪些电影……

ENCOURAGER,
COMPLIMENTER
ET CRITIQUER

第十二章

鼓励、赞美和批评

"要批评他人，先要了解他人，要了解他人，先要爱他人。"

——科鲁彻

学着以赞美的方式提出批评： 不论是表扬对方做得好，还是指出他做得不好，目的都是一样的——让对方变得更好！带着怒气的指责，与其说是为了帮助别人进步，不如说是让自己泄愤，这样的批评和虚假的赞美一样无用，既不能显示自己的优越，也不能赢得别人的喜欢。人们抗拒情绪化的指责，如同抗拒别有目的的赞美。在你看来，什么样的批评对你的帮助最大？什么样的赞美你最受用？

尊重和你面对面的人

换位思考

如果你真的想给对方带去鼓励或促使对方进步，不要把自己放在一个什么都知道，可以对别人指手画脚的位置上。你要想想"当你长大之后"会怎么做，或者"当我像你这么大的时候"我会怎么做。人生经历让你有了批评他人的底气，但你是如何获得这份经历的呢？有谁敢说从没犯过错，能理直气壮地批评别人？

在平等的关系中共同学习、共同进步是更加高效的。首先，你是基于真诚的共同进步的愿望，而非脆弱的所谓凭借专业知识给出的意见，正当性无可指摘。其次，不论是批评还是赞扬，你都是出于对对方的关心。我们都明白，接受别人的建议并不容易，但至少对方展现出的尊重和信任会让这件事变得容易些！

在给出批评或建议前，想一想："我提出这个建议是因为……"你会发现有一大堆好理由：因为我是过来人，因为我关心你的未来，因为我是这方面的专家……但问问自己，这些理由是否站得住脚，你是否有正当资格说这些话。如果你的回答是"是"，那么你已经准备好和对方建立相互尊重、相互信任的关系了！说话不要绕圈子或顾左右而言他，单刀直入，直指问题，否则可能会伤害到这段关系。每个人都希望被关注、被尊重！

关注每个人的独特性

　　"你知道吗，你的眼睛真漂亮。"这类赞美的话，就算你说得很真诚，也不如称赞他独一无二的特点更打动人。每个人都有和他人相区别的特点，有的是后天习得的，有的是被环境塑造的，他们希望自己的努力被人认可。如果你想赞美某人，不如称赞他与众不同的地方：美好的品德，出色的工作，或一件让你很喜欢或很感激的事情。想想一个肖像画画家是怎么做的，他赋予每一张面孔独一无二的特点，让他们鲜活夺目。

　　表达赞美如同表达感谢。你有多少次听到别人问："你在感谢谁？"感谢的话是对某个特定的人说的，对象越具体，对方越能感受到你的感激之情。从某种行为和该行为暗示或证明的东西里发掘我们真正感激的东西，这是一门艺术。

> **练习**
>
> 阅读下面《西哈诺·德·贝热拉克》中关于鼻子的争论,下一次当你的亲戚去理发的时候,以适配当时情境为前提,把它改编成抒情诗。不要满足于只是缩短篇幅,改编后要尽量符合抒情诗的标准。

这可不够,小伙子!来,我帮你想想!你可以说……Oh My God!你可以变换不同的语气!比如——

(**咄咄逼人的**)"先生,假如我有你这么个鼻子,我马上就去跳河!"

(**友善的**)"顶着这么大的鼻子,你会累吧?应该去定做一个架子把它架起来!"

(**描述的**)"啊……像山峰!像海角!我刚刚说的是'海角'吗?不好意思,更正一下,像半岛!"

(**好奇的**)"你这个长长的皮囊是什么?文具盒?还是教堂的避雷针?"

(**优雅的**)"您一定很爱护小鸟,所以伸出这么一个长长的架子来让它们栖息!"

(**粗野的**)"你抽烟的时候,烟从鼻子里出来,就像巴黎圣母院着火了一样!"

(**关心的**)"你留点儿神啊,头重脚轻会摔跤!"

(**亲切的**)"给他做一把小阳伞,他就不会在阳光下褪色了!"

(**卖弄学问的**)"先生,唯一一种被阿里斯托芬称为'海马象'的动物,骨头上一定长了不少肉吧!"

(**不解的**)"怎么,老兄?现在流行用这种钩子挂衣服吗?"

（**夸张的**）"哇！这样壮观的鼻子！这个人一定不容易伤风！"

（**戏剧化的**）"它一流血，就造就了红海！"

（**赞赏的**）"给香水做广告，多棒！"

（**抒情的**）"这是个海螺壳么？您可是那吹响海螺号角的海神？"

（**天真的**）"这座山我们什么时候能去爬？"

（**土里土气的**）"这是鼻子？哼，我才不信呢！这肯定是人家种的西瓜！"

（**战争狂般的**）"炮口对准骑兵队，开炮！"

（**势利的**）"哎？你愿意拿你的鼻子来抽奖吗？一定中！"

最后还可以模仿抽泣的皮拉姆：

"原来如此，这个鼻子有它主人的特征，它破坏和谐！它脸红了，这个叛徒！"

将军那漂亮的眼睛

别把特点当成唯一的个人标识！相反，称赞别人觉得自豪但又没被人发现的点，这最能打动人。千篇一律的批评和赞美都不动人。就像汽车行驶，如果方向错了，发动机马力再强也没用。但真诚、独具慧眼的赞美却能引导对方以最快的线路去到目的地。

节选

"记住：称赞是为了取悦他人，不要称赞他们自知的优点，而要表扬他们忽视的地方。如果你称赞一位将军战功赫赫，他已经习以为常，但如果说他的眼睛闪闪发光，特别漂亮，他一定满心欢喜，终生难忘。著名的小说家听惯了人们对他的小说的赞美，但如果你满怀激情地和他谈论某部不太成功的作品，或者赞美他热情的声音，这一定会让他眼前一亮。"

——安德烈·莫洛亚《喜欢的艺术》

挑战

你能不能说动一个小孩去整理房间？

在这一过程中，你会发现以情动人比以理动人更重要：懂得给予孩子尊重和关注，发现他的优秀品质，比如细心，并鼓励他证明给你看。

LES MOTS COMME MOTEURS

第十三章

话语即力量

"我们如此希望被人需要。"

——让-雅克·高德曼

话语既能传情又能达理。 它撒下新想法和新计划的种子，又给这些种子带去萌发的能量和养分。比如，鼓励他人时，我们需要给予对方关注和尊重，也需要通过话语向他人解释、说理和打气。如何让语言给人带去前进的能量和动力？如何给予反馈才能激发对方自我完善的意愿？

说出需求

我们很少能够站在别人的角度思考问题，特别是当别人向我们提要求的时候！即使我们想要换位思考，结果也未必有效。为了让对方清楚你的需求，只有一个办法：说出来。尽可能清楚准确地说出你的需求，能避免很多的误解和怀疑。

说出你想要什么，什么时候要，怎么去做

这条原则在职场中十分常见，也被用在朋友、家庭以及其他情感关系中。可以简单概括为：说出你想要的东西，注意是所有而且真正想要的东西；然后再告诉对方你为什么想要以及想怎么做。

> **挑战**
>
> 和在你梦想进入的公司工作的人谈谈。记得要清楚地表达你想得到的信息,并根据对方感兴趣的程度适度调整问题:针对性地提问比干等着对方漫无目的地分享要聪明多了。

和对方谈谈他的兴趣

表达你的期待并不代表忽略对方的想法,事实上正好相反。对话是一种分享,是相互赠予、有来有往的。

先弄清楚自己能给对方带来什么

好处,关注,价值感……"关注人,而非问题。"如果能够解决对方的问题当然更好,如果只是给予鼓励,其实也很不错,而且这更容易做到。

对对方感兴趣，对对方喜欢的东西感兴趣

你的倾听、你分享的信息、你真诚的赞美或给出的建设性的批评意见是建立在这个原则上的吗？

"福灵剂"

信心具有感染力

从大范围来看，我们会发现自我实现的预言是真实存在的，这是因为，如果有很多人相信上市公司的股价会上涨，其他人也会被他们的信心感染，越来越多的人都会这么认为。对于一个人来说也是如此，群体内的模仿效应，或者因为被他人感染，一个人的信心能点燃另一个人，成为他前进的动力。当我们觉得自己被尊重、有价值的时候，我们就有动力把事情做好，甚至能够超越自我的极限。

不要害怕展现你的信心

不论是在亲朋好友还是在合作伙伴面前，要表现得对自己的潜能和未来发展充满信心。"我觉得你是这样，你就是这样。"

我们低估了他人的看法对于自身发展的影响，其正面影响和负面影响都是巨大的。不信任和怀疑会让对方想要回避或反抗，

而他的行为自然也变得躲躲藏藏。

你对他人的看法也蕴含着巨大的力量,你必须懂得如何释放这种力量,尤其是通过语言释放。一项社会学研究中,研究者告知教师,有一部分学生的能力特别突出,实际上,这部分学生是随机挑选出来的。在这种信念的影响下,教师给予了这些学生更多的关注,几年之后发现,这些学生的成绩更加优秀。这就是信心的魔力,这种魔力可以解释为,我们对对方充满信心,给予了他们更多的尊重、关注和支持,而对方也展现出更多进步的意愿、超越自我的渴望和不辜负我们信任的信念。

> **参考**
>
> 哈利·波特很早就明白了这一点:在《混血王子》中,他假装把福灵剂滴入了罗恩的南瓜汁里,让他能充满信心地参加魁地奇比赛。因为罗恩相信自己是不可战胜的,所以他毫不犹豫,不惧风险,发挥出色,最终赢下了比赛。

尽量使用积极的词汇

多用"这很好"代替"还不错",用"你下次会做得更好"代替"你本可以做得更好"。这不能算是痴心妄想或者自我暗示、自我催眠,改变用词能改变思考的方式,从而改变行为。这并不是在溺爱你的听众。积极的词汇的确有鼓舞人心的力量,但这不是凭空捏造,因为你说的也是事实。实际上,这是一种尊重,不低估困难和风险,承认前路艰难,但相信对方有能力做到。

> **试一试**

怎样指导他人又不显得好为人师？答案是：设置挑战！把你的要求包装成需要对方达到的挑战，有困难，有障碍，但凭借他的能力和动力是能够克服的。注意，内容要具体，截止期限要明确。下一次你向别人做出反馈的时候，试着把这条原则用上。

认可对方的进步

不要忘记时时刻刻的奋斗是前进的动力！

只在一开始有满腔冲劲是不够的，必须将它保持下去。如果对方缺乏毅力，分心做好几件事情，或者有长期项目要完成的时候，提醒他这一点尤为重要。

认可对方的努力

即使效果不佳，也要认可对方的努力，鼓励他们，祝贺他们取得的成功。简简单单的一句"你真棒"就能展现出你对他的关注、认可、支持，表示你为他感到骄傲。几句真诚的、鼓励的话就能创造奇迹！

挑战

请你的同伴或者合伙人就最近的项目给你做一个反馈,也请他听一听你的意见。在反馈中鼓励他发挥自己的优势。

LE DISCOURS
ÉLASTIQUE

第十四章

灵活的演讲

"当语言的魔力触发我们和听众间的思想火花时,抵挡住用死气沉沉的语言描述这一独一无二时刻的冲动。"

——雅克·卡彭蒂埃

"少说话，多做事！"我们常常听到有人这么说，似乎做事和说话相互矛盾。但所有演讲者都明白，说即做。语言能激励行动，也能赋予行动以力量。

发言人向大家汇报年终成果，给员工加油打气，候选人用话语说服听众为自己投票……一句话能引得哄堂大笑，一句话能赢得满堂喝彩。**只要演讲者能够与公众联结，随公众情绪的变化而变化，懂得如何与公众对话，那么说话即是一种行动。**

"飞翔的语言"

话语不是思想的牢笼，而是让思想飞翔的翅膀。话语要唤醒人，而不是让人头脑昏沉；要让人醍醐灌顶，而不是越听越糊涂！三分钟的演讲如果空洞无味，也会让人昏昏欲睡，两个小时的演讲只要生动有趣，一样能引人入胜！

一言以蔽之，形式要适应内容

形式要适应内容，演讲的长度也要适应内容和听众，无论如何，别像老太太的裹脚布一样又臭又长。重复不是件坏事，如果公众或对话者需要，我们可以经常重复：教学的本质就是重复！但如果空洞无用的话没完没了，或许当时可以蒙混过关，但终将失去听众的心！

文字写过留痕，而话说完就随风飘散了。这是它的脆弱之处，也是它的魅力所在：话语遵从说话者的想法和听众的情绪而不断变化。说话者心情烦躁，话就少，口头话语是如此鲜活，语调的变化、风格的转变都会对其产生影响，它随着音调和呼吸节奏的变化展现出不同的样貌。

说即做。我们没有时间字斟句酌，也不能重读或退一步重新审视、理解。所有的话都在当下生效。它的优点在于灵活，缺点在于稍纵即逝。说话要面向听众，话要说得漂亮，让观众乐在其中；要说得生动直接，让听众能很快理解，足够形象，让人记忆深刻。

理想的演讲形式：脱稿

脱稿演讲很容易根据公众和时间灵活调整，但脱稿不等于背稿！卡彭蒂埃建议在纸上只写关键内容，比如标题和需要阐述的主要观点，他把这称之为"撒哈拉的井"。演讲就像行走在沙漠里的旅人，关键信息就像沿路散落在沙漠里的绿洲，让人眼前一亮，焕然一新。

技巧

根据你平时的说话速度和喜欢的字体大小制作转换表。我们平均每分钟能说200个字，有声书的录制速度约为每分钟150~160个字，这相当于在电脑上一页纸写的内容在三分钟内就能读完。

给自己计时！

适应

好的演讲者懂得关注公众

他会通过观众的微笑、叹气、打哈欠、窃窃私语来"把握现场的温度"。

明确表现出你的关注

定期询问听众是否有问题,在对话中插入一些开放性问题或鼓励性话语。演讲的氛围比听众人数更加重要。在一场讲座中,通常会在结尾时留出提问的时间,以保证演讲不被打断太多次。但也有一些互动性很强的大型演讲。通常来说,听众越多,需要停顿的次数就越多,以确保听众注意力集中,有时间理解、总结你的主要观点。

继续

抓住机会,说点听众感兴趣的

听众的提问除了能给演讲者一次喘息的机会、让听众听见不同的声音,还有一大好处:让你知道自己的演讲哪里没有说明白,听众想听你深入解释哪些内容。当然，有些人提问只是为了展现自己的学识，或者问一些特别私人的问题。对于那些想卖弄学识的人，一听他们问题的长度就能明了其真实意图，而且他们特别容易跑题。但你也能听到一些特别细节的问题，比如某个定义太模糊，某条引用不够清楚，某一段的阐述不够深入。利用好这些问题！

不要迷失在没完没了的解释中，让问题成为你思维的向导

这种技能，就是能够捕捉到讲话的新方向，把其他人的问题融入你的演讲，这一点非常重要。2021年法国中考毕业答辩委员会的报告员们（由西里尔·德尔哈伊领导）将此作为一项关键考核项目：他们提议，在无笔记演讲后，考生和与陪审团进行讨论，然后根据评委的点拨继续演讲。

详述不是啰唆

如果没有想法，与其说些废话填补空白，不如试试这些百试不爽的方法：询问观众的看法，连线一位朋友（或者在这种情况下把话题转到人、作品或参考数据上），或者"跳过这个问题"——稍后再回答，或者承认自己不了解这个主题。这些都比空洞又没用的长篇大论好得多。

> **节选**
>
> 我在墨水瓶底搅起一阵风暴,在错乱的阴影中,我把空白的想法和黑色的人们混成一团。我说:思想的纯粹飞行之处,一字不着,被天蓝色浸透了。
>
> ——维克多·雨果《对指责行为的回应》

概括

避免惯常的错误:
为了说得更快而加快语速

你可能见过政府的交通安全宣传片,甚至在你快迟到的时候还要提醒你遵守限速规则。想想它们!演讲中也是一样,你可能赢得了几秒钟的时间,却失去了你的听众。

慢慢说,
重新抓住观众的注意力

如果你的时间所剩不多,或者你发现观众的注意力不集中了,这时候你要放慢说话的节奏,突出演讲的主要观点,让你的信息尽可能清楚、有概括性、易于被观众接受。这看上去可能是反直觉的,但事实上,说得慢反而更能吸引注意力,这是人的一种条件反射。把自己放在观众的位置上你就会发现,只有当我们知道这篇演讲会让我们学到什么，或已经让我们学到了什么的时候，我们才愿意付出注意力。

最糟糕的情况是，如果你真的来不及了，或者你必须大幅删减你的演讲，你可以使用一些"套子"："之后我们要说的是……""这是下一节课的主题。""鉴于××对这个主题已经有了精彩的阐释，我就无须赘述。"

总结你的主要观点

要让你和观众不淹没在海量信息中，最有效的办法就是概括中心观点，也就是你加粗写在笔记上的那些东西。

提醒观众，你的观点、论据以及大致的逻辑推理是什么。即使观众没有提问，也没有表现出明显的不理解，也最好每15分钟就回到演讲的主干结构上来。这能让观众明白演讲进行到哪儿了，在接近尾声的时候也有动力把演讲听完。

演讲临近结束的时候，要重新回顾主要论点，并概括全文：从开头到结尾，思路是如何转变的。由此，你可以引出一个精彩的结论，顺便赢得满场掌声！

练习

简要概括一下你最了解的事物，并给这篇文章取一个标题。

挑战

试着解码下面维克多·雨果关于赦免所作演讲的笔记,并据此做一篇 5 分钟的演讲。

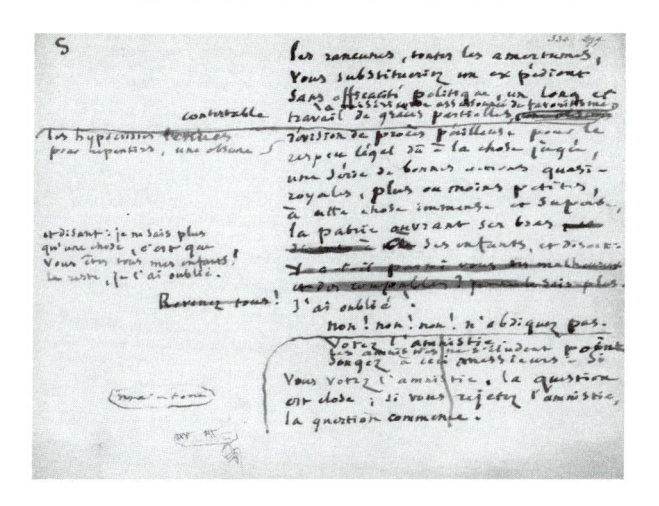

你们想用新的官方政策替代老的政策,但之前所有的工作似乎差不太多,那些衣冠楚楚的伪君子。

推行赦免令是为了平等地尊重每一个人,这是一项宏伟而巨大的任务,但或多或少会出现一些恐慌。恐慌向人们张开手臂,不断蔓延。

我只知道一件事情,你们是我的孩子!其他的,我都忘了。

回来吧!

你们之中有不幸的人吗?我不知道,我不记得了!

不!不!不!不要忘记。

请给特赦法案投票。

特赦法案不会让你们失望的!

先生们!为特赦法案投票吧!如果不为特赦法案投票的话,就会出问题!

SOYEZ INCOLLABLE !

第十五章
应 对 自 如 !

"我将回答一个后排的、还没提出的问题。"

——夏尔·戴高乐

把每个问题都视作一次机会： 发现别人的想法、发现自己演讲的不足之处，你可以抓住这次机会进行深入阐述，或者探索新的道路。但这些问题也可能给你带来阻碍：你必须即兴发言，快速调动起自己关于这个问题的知识，理解对方的话语、说话的语境以及提问的意图。值得庆幸的是，不是所有的提问者都期待一个快速又精准的回复，但他们希望你的回答是真诚的！提问不是质问：你当然有权利说自己不知道，或者稍后再答，你还可以推荐一些能比你回答得更好的文献资料，对于一些没必要的或者不尊重人的问题，你甚至可以拒绝回答。如果听众认真听了你的演讲后还有问题要问，那么这时候你可以认真给他们讲解，让他们获得新的发现。

节省时间

引导问题

舞台、论坛、讲台，这是你的主场！没有什么能干扰你！除了经典的那句"这是个非常好的问题，感谢你的提问！"直接承认自己需要点时间思考或查阅笔记后才能回答，这也不是件丢人的事！这甚至能体现你对问题的重视和严谨。

复述问题

这也是个好习惯,它能帮你争取时间,还能避免回答的时候跑题。比如,你可以说:"你问的是……"

说出你的思路

在考试或面试的时候,这个方法特别有效,这些情况下,考官提问不仅是为了得到答案,也是为了考察你的思维方式。比如,你可以说:"这个问题很有趣,因为……"或者"这个问题很有现实意义,因为……"你还可以展示自己的思维逻辑:"针对这个问题,我认为……但考虑到……"或者"问题有点大,首先它涉及……其次必须了解……当然不能忘记对于……的影响。"

> **练习**
>
> 观看演讲节目。在听完发言人的演讲和第一个问题后关闭声音,代替发言人回答问题。

不同的问题有不同的回答

用傻瓜的方式回答傻瓜的问题!学会理解提问人的意图,这比理解问题更重要。这是因为,提问就是把自己置于某种危险之中:克服羞怯,直面发言人和公众的评判,不要问一些不言自明的、所有人都知道的东西。听众站出来发言的原因各有不同，演讲者应当学着理解提问者想知道的究竟是什么。

事实性问题，了解信息

"对于不知道的东西，我们提问！"对于已经了解的东西，我们分享。在课堂、会议、汇报或者对话中，大部分提问都是为了得到一个简单、清楚、准确的答案。不论是对该主题的深入挖掘，还是对相关话题的探索延伸，问题针对的都是信息，而非演讲者本人。如果不知道如何回答，你可以直接承认，别人也不会因此对你有什么看法。你可以说："我不知道，但是这个人或这本书能帮到你。""我不知道，但我之后会去查阅相关信息。""这个问题我们会在之后谈到。"诸如此类。

观点性问题，考察思路

提出事实性问题不是为了评判你，而是为了得到一个答案。而观点性问题通常以这种形式出现："你觉得……怎么样？"甚至是"你难道不觉得……？"以招聘面试为例：有一些问题就是为了了解你和你的经历，另一些问题是为了考验你，考察你的思维或行为方式。

观点性问题是一场考验，但不是为了刁难你。你当然可以给出你的观点或建议，但也不要忘记问题背后隐藏的意义，或者你可以拒绝回答，把观点藏在话语背后，你可以说："我已经跟您说清楚了，您要怎么想是您的自由。""谢谢您的问题和好奇，但我想我不是非要说出自己的看法。"

有时，提问已经暗含了答案，比如"难道您不觉得……""请问您怎么解释公司第三季度连续的巨额赤字，这难道不是由糟糕的管理导致的吗？"不要掉入陷阱！绕过提问者的陷阱，指出这些问题太过主观。"我尊重你的看法，但我不这么认为，让我告诉你为什么：管理问题不是导致这些结果的唯一原因。"

招架住攻击

当遇到具有攻击性的问题，或你作为发言人的正当性受到质疑时，你也可以以其人之道还治其人之身。比如"你怎么能一边说着经济下行一边用着苹果手机？""你有什么权利……"如果你感觉对方在挑衅你，你可以直接回复"是的，我当然有权利……你也有……的权利啊。"但千万别忘记，你不是在和一个人辩论，而是在和公众辩论，你必须说服他们！你也可以拒绝回答此类问题，一句简单的"对于这种无端指责，我拒绝做出回应"就够了，或者可以为自己辩解："我说的是经济下行问题，而不是我的个人习惯。如果您对我有所不满，我们可以私下讨论，而不需要在这里争辩对错。"

用问题凸显自己

在课堂、会议或者聊天中，一些问题可能就是为了客气一下：比如"难道不是吗？"用修辞手法，以反问表肯定。"你难道不觉得……吗？""如果理解得不错……"这些问题并不期待你说"是"

或"不是",只是想得到你肯定的回答。但你不必顺着对方的意思,你可以问:"不好意思,您的问题是什么?"再说一遍,你要吸引住的是公众,不是对话者!

删减

提问的另一个隐藏缺点是容易拖得太久,从头到尾都是听众的个人意见。演讲者不要打断对方,但如果对方说的和演讲主题无关,或不是你准备探讨的问题,也要毫不犹豫地把话题拉回来。

练习

如果你遇到了"一旦提出问题,不得到答案就绝不放弃"的小王子[①],当他问你"问题有什么用"时,你要怎么回答呢?

取胜的策略

每天处理 33 亿次搜索问题的回答专家就是——谷歌!在这 33 亿次搜索中,约有 5 亿个新问题,谷歌每天都要处理 5 亿个之前从未遇见过的新问题。当然,我们不可能准备好应对所有问题,但我们可以像谷歌一样,识别问题背后的意图和对方期

[①] 法国作家圣-埃克苏佩里作品《小王子》中的主人公。

待得到的回答的类型。总的来说，回应方式主要有三种：接受挑战，拒绝或者逃跑。

接受挑战

即使你觉得这个问题很难回答，也不要把不安表现出来！"我很感谢您的提问"这句话之于演讲者就像微笑之于首席舞蹈演员，传达出的是优雅自如和尽在掌握的信心，即使实际上你已经心慌了。你可以从问题入手，比如可以说"我正想说"或者"是的，您说的我都还没想到……"甚至是"我懂了""我同意您的看法……""您有充分的理由要求我在这一点上说得更清楚……"

拒绝回答

你不必回答所有问题，特别是那些不太友好的问题！你可以对内容进行反驳（"好吧，请让我换种说法……"），对提问时机进行反驳（"似乎现在不是该谈这个的时候，不是所有人都对这个感兴趣，我们可以稍后再谈"），或直接拒绝回答这个问题（"很抱歉，我们没有时间回答这个问题。如果您想对这一问题进行深入了解，我推荐您……"）

逃跑

避开提问！在会议中，把问题抛给了解这个主题的人是个不错的方法，比如你可以说："感谢您的问题，这个问题我想杜朗先生作为亲历者会比我更有发言权。杜朗先生,您愿意回答一下这个问题吗?"或者把问题抛回去:"您呢,您怎么看?"

> **挑战**
>
> 拜托一位朋友随机找一些问题向你提问。尽你所能给出回答!当你不知道答案时,直接承认自己不知道,或者编一个答案,或者想办法绕过这个问题。

PAR OÙ
COMMENCER ?

第十六章

如何开始一场演讲

"好的开始是成功的一半。"

——贺拉斯

开始一段演讲，就像刚走上跳台时，面前空无一物，走到跳台尽头时，突然出现了一个完整的水池——需要在演讲中阐释的中心思想，这时你得为它负责，接下来，字字句句要彼此连贯，为突出中心思想服务。渐渐地，你会慢慢适应……然后你发现，当初的担忧消失无踪，自己甚至不知道该如何停下来！

不用恐慌，演讲总是要开始的。但不同的开场方式，效果也大不一样。**理想的开头应该是自发产生的，要适应情境和公众，但又要足够出人意料，让人瞬间就被吸引，进而喜欢上你的演讲。一个完美的开头还要能够展现你的魅力，在开头就清楚地说明行文思路，让人有听下去的欲望。**以下是一些帮你实现一个完美开头的方法。

上台！

首先，我要提醒大家注意演讲的姿态，一定的姿态是必要的。一场演讲在你登上舞台或讲台之前就已经开始了。上台前，你可以活动口腔肌肉，念几段绕口令，或练习发音，当你登上舞台或走上讲台，拿起话筒，眼神从观众身上扫过，不在任何人身上停留，也不遗漏任何一个人，这就是你的开场白。

一个简单、直接又坚定的问题

用清晰的声音、恰当的方式向在场所有人抛出一个问题。这是那些幽默的人经常使用的技巧，他们的演讲常常这样开场："你是否注意到……"如果以"我注意到……"开头就不那么有趣了，因为这把公众置于一个被动倾听的位置，而问题的形式更能吸引听众的注意，让听众回想自己上一次有过相同经历的时候是何种情形。

挑起听众的好奇心和想象力

让听众发挥自己的想象力，为了能让他们立刻调动起想象力，你可以抛出一些问题或者直接说"请你们想象……""如果……会怎么样呢？"你也可以通过矛盾，比如某件让你感到愤慨的事，或你将在演讲中给出解决方案的问题，激发他们的理性思维，这种方法对演讲者的要求更高。

节选

1793年5月10日，罗伯斯庇尔在国会前发表宣言，他在演讲中说道：

"人为了幸福和自由而生，却成为奴隶和不幸之人！社会的目的是维护人的权利和完善人的自身，而它却在损害人，压迫人！是时候让人意识到他真正的命运了；人的理性的进步为这场大革命创造了条件，而你们正是被选中要承担起推进这场革命的责任的人。"

以新闻开头,演讲就成功了一半

人在社会中除了理性,还发展出了好奇心和想象力,他们对新消息过分热衷,所以"你不知道……?"后面一连串的信息总是能成功赢得听众的注意。你可以这样开始你的演讲:"猜猜××事件的结果是多少?三万!"或者以一个大部分听众还不知道的新闻开头。好好把握新消息宣布过后全场安静的时间!

谈谈自己

可能在你开口之前,已经有人介绍过你了,或者听众已经对你十分了解。但无论如何,上台之后,你要立刻向他们展现自己站在这里的正当性,以一种委婉的方式解释为什么你会站在这里发言,为什么你是谈这个话题最好的人选。既然所有人都可能在你身上发现自己的影子,那么直接以"我"开头不是最自然的方式吗?历史上最著名的演讲之一,马丁·路德·金的《我有一个梦想》就是在以大众的口吻描绘个人的梦想,每一位听众都在他的梦想里找到了自己。谈谈你自己,你的精力,那些激励过你的想法,你的欲望,你的恐惧……但也要记得,开头要简短,既要抓住听众注意力又赢得他们的喜欢,还要能引出演讲的主题。

演讲总是面向……

为什么不这样开始你的讲话:"你们是玛丽和安东尼最亲近的朋友,今天是他们的婚礼,大家齐聚一堂,分享喜悦,有谁比你们更了解、更欣赏他们呢?""很荣幸能够在肠胃病学领域最顶尖的专家面前介绍我的新科技……"

还是有点害羞?

你可以借用公认的权威的力量,你甚至还可以借用一些众所周知的人生智慧。但要注意,如何不蹩脚地借用这些内容是一门艺术,特别是在演讲的开头部分。避免使用"××曾说过"之类的套话或公众早就听烂的名言警句。引用名言或谚语是为了和公众形成默契,他们会知道你引用的是什么。

百闻不如一见!

为了取悦观众、解释或阐述某样事物,你可以将信息融入一个故事里,或者以一个故事开始你的讲话。故事可以采用第一人称或第三人称视角,但要简短,因为讲故事的目的是引出之后的信息。

要想让这样的开头获得成功,关键不在于故事讲得有多么精美,甚至只说几句话都行,重要的是故事要有叙述感,生动鲜活。这才是合格的演讲者应该做到的!

展示大纲

口头表达不如书面表达那么精细。听众和读者不同,他们没办法重读或倒回去看前几行的内容,也不能停下来休息或者查询相关资料。因此,你在演讲中的表达要尽可能直接!告诉他们你将要谈的主题是什么，或者你将以什么方式来展示什么内容。特别是要以清晰、有逻辑的方式告诉他们你的思考过程。"在第一部分我们将会看到……随后我们将研究……最后的结论是……"这样的表述会帮助听众理解并记住你的演讲结构，也能让他们知道现在进行到哪一步了。当听众知道演讲什么时候会结束，也知道下一部分要讲什么的时候，他们更容易保持注意力。

表明你演讲的合理性

为什么人们要听你的而不是其他人的演讲？你的性格、经历、学识对介绍这个主题有什么帮助？为什么你要在这里做一篇演讲，而不是让听众把这些问题留在心里自己思考？在演讲一开始就直接坦率地回答这些问题。当然，宣告你演讲的合理性还不够，你还得证明它。但是在缺少威望的时候，宣告这个动作本身就已经能够给你带来权威：权威（autorité）和作者（auteur）是同源词，表示的都是不断增长的事物。作者让小说更具真实性，权威则有助于提高演讲者在公众眼中的威信和能力。

口头演讲有自己的规则，遵守它！

口头表达和书面表达不同，它是稍纵即逝的：明确告知听众演讲的时长，是否会分发笔记或文献资料，会议是否会录像……它也是颇具互动性的，提前说明你是否希望在场听众积极参与，让他们提问或发表评论,你是希望所有问题都留到最后一起提出,还是在演讲的最后不留出回答听众问题的时间。

挑战

找一个托儿,在家庭或朋友聚餐时,他负责敲桌子或玻璃杯让大家安静下来。此时你就可以站起身,向大家祝酒,说出准备好的开场白。接下来就看大家的自由发挥了:你会清楚地看到,大家在你的发言之后是怎么把话题接下去的。

SAVOIR CONCLURE

第十七章

学 会 总 结

"书籍最伟大、最美妙的特点就是,对于作者是总结,对于读者是启发。"

——马塞尔·鲁普斯特《关于阅读》

你投入到一场演讲或对话中，想法和话语接连涌出，你十分自得，人们都在听你说话……但你突然意识到自己不知该如何结束发言。**总结，不过是一个节奏问题！**那些懂得以完美方式结束赢得满堂喝彩的演讲者知道如何利用观众——这群人天生就厌恶冷场。在一段激昂讲话后突然安静，观众会不自觉地鼓掌，因为他们忍不住要让热闹延续下去。

总结陈词，就是你给观众留下的最后印象。这时候无须再增添新的内容，而是把你希望达到的效果再明白地表达出来：你希望观众快乐、愤怒，希望他们能够采取行动或是改变想法……这时候仍然有很多东西要表现，直到你走下场的那一刻。糟糕的结尾让人失望，精彩的结束能给整个演讲增光添彩，让人忘记中间的冗长。

但也要好好准备……无论你是采取首尾呼应还是递进式的结构，都不能突然跳到结尾。

最后综述

最后再用简单几句话概括所传达的信息

你抛出了观点，展示了观点，还用论据对观点进行了详细的说明，现在就要对其进行简要概括，以便它能被观众牢牢记住。"我们已经看到……""综上我们可得……""简而言之""结论是……""不要忘记……"都是达到这一目的的常用语。不要以演讲接近尾声为由匆匆忙忙地概括了事。你的总结就像主菜后、浓缩咖啡（结束语）前的甜点一样，要留给它足够的时间。

结束语

在陈述完结论之后，有几种方法能让你的讲话完美收官！你可以在讲话形式上进行改造，向观众提出挑战或呼吁行动，或者展望一下未来的发展；你还可以呼应开头，又或者引用一句名言，以别人的话作为你演讲的收尾。

锤炼信息！

你刚刚总结概括了全文，现在人们都看着你要怎么引出最后的结论，以一个漂亮的形式赋予你的结尾以震撼人心的力量。拉丁学家会记得老加图在罗马元老院前说出的那句"Delenda Cartagio"，即"迦太基必须被摧毁"。让信息变成口号，用上交配错列法或矛盾形容法，这会成为你演讲的标志和记忆点。但你也不一定非得用口号的形式。如果是想呼吁大家行动起来，直白地说出你的请求十分重要。"请给我投票！""好好吃饭，运动起来！"如果这些信息能够激发听众的热情，那一定是在演讲结尾的时候，因为之前你已经很好地展示、阐明、证实了你呼吁的正当性。

给听众设置挑战

我们每个人都是一个"大小孩",所以这是一个促使听众行动起来的好方法:"你有没有勇气接受挑战?""这就是你希望自己孩子拥有的未来吗?""那么,你能做到吗?"要求他们做一些具体的小事,一些能够快速完成,或者通过一系列轻松的动作就能完成的事情,并且给听众设置的任务要尽量简单。比如,如果你希望他们在请愿书上签名,就要准备好成捆的请愿书备用;如果你想让他们购买某个商品,就把这个商品摆在现场。

展望未来!

一切事物都有其发展的结果。如果其结果有激励人心的作用,不妨在结尾的时候谈一谈。展望未来,谈谈你的愿景或未来可能的发展,也可以谈谈你要怎样传播你的想法。"很快,我甚至可以加上……""所以,后辈们会说我们……"

或者,结尾呼应开头

有一种特别优美的叙述方式:在整个演讲中多次重复你的开场白,就像一首歌里不断出现的旋律,再以此结束全篇。这种形式在有副歌的歌曲中很常见。由杰拉德·布尔乔亚和让·马克斯·里维埃尔作词,谢尔盖·雷吉亚尼演唱的《几乎什么都不需要》(*Il suffirait de presque rien*)中,"几乎什么都不需要"不断出现,最后以"曾几乎什么都不需要"(*Il suffisait de presque rien*)结束全曲。

通常来说，引用大众熟知的东西能极大地提高公众对你的支持和与你的默契。

> **参考**
>
> 你们都知道马丁·路德·金的著名演讲《我有一个梦想》。演讲的结尾很值得一听！
>
> 当我们让自由之声响起来，让自由之声在每一个大小村庄、每一个州和每一个城市响起来时，我们要欢庆那一天，那时，上帝的所有儿女，黑人和白人，犹太教徒和非犹太教徒，耶稣教徒和天主教徒，都将手携手，合唱一首古老的黑人圣歌："终于自由啦！终于自由啦！感谢全能天父，我们终于自由啦！"

斩钉截铁地收尾

演讲临近结束的时候，精力下降是很正常的事，你说话可能会开始犹豫："呃……""嗯，就是这些。"预料到这些可能出现的情况，尽量避免！你的结束语要给演讲画上一个清楚、干净、明确的句号。

退场

祝贺你！演讲结束了，全场都安静下来，思考你的演讲，对你表示敬意，随后全场欢呼，掌声雷动。但你的角色到此还没有结束。你应该注意到，在麦克风关闭之后，摄像机仍然会追着电视台主持人多拍几秒钟，这几秒钟，主持人可能会和场内的嘉宾握手，整理自己的文件，有时也会站起身来。这些都是表演的一部分！

演讲结束后，不要仓皇逃走

退场时，要像你登台时一样，保持微笑，环视全场，向观众致意，展现你的控场能力。享受属于你的时间，你值得拥有它。你接受掌声时的表现会在之后很长一段时间内影响人们对你和你的目标的看法。挥手、微笑，和观众分享这一时刻，展现你的自豪和感激，以及能够在这里演讲的喜悦之情；如果你希望观众更关注你的演讲而不是你本人，而且你认为演讲是一场合作而不是个人秀，也可以稍稍退后一步，和观众一起鼓掌。

挑战

请同伴在词典里选一个词，不要告诉你。和他随便谈谈：你的周末，你的兴趣……一直说下去，直到他翻到这个词，并展示给你看。与此同时，你要一直说话，不要停下来，然后把这个词融入最后一句话里：这就是你发言的结束部分了。

LA RAISON DU
PLUS FORT, LA RAISON
LA PLUS FORTE

第十八章

有力地说服听众

> "一个不情愿地被'说服'的人,其实看法并没有改变。"
>
> ——英国谚语

你曾经在辩论中成功说服过对手吗？ 我们很少听到"是的，确实如此，你说服我了，你说得有道理"。这是因为辩论是一场语言练习，面对的主要群体是听众——也有可能演讲者自说自话，辩论只是为了证明自己有理或对方无理。

永远有道理的艺术

辩论面对的首先是听众

每个演讲者的目的都是为了表明且证明自己有理，而不是找到公认的真相或调和矛盾——这些事更多是在协商、讨论中完成的。你还记得 2017 年埃马纽埃尔·马克龙和玛丽娜·勒庞那场被广泛讨论的第二轮总统竞选演讲吗？一方被另一方说服？这几乎是不可能的事，直截了当地说，这就不是他们辩论的目的。他们的论据是为了说服电视观众和媒体。和论据同样重要的还有：语言表达，举止仪表，语音语调，论点的表述方式，说话方式，手部动作，面部表情，这些都会被充分地解读、评论和分析。

辩论的关键就是让人觉得你已经赢了

与其说我们在找真理，不如说我们寻找的是看上去正确的"真理"，特别是在观众看来正确的"真理"。修辞学的一大分支研究的就是这个：辩论中的辩证法，永远把道理掌握在自己手中的艺术。它讲的就是如何提出相反的观点和论据，以此在辩论中赢得胜利，或者如何揭穿对方的花言巧语，让你不落下风。

练习

在法国国家视听研究院网站（https://www.ina.fr/）上观看弗朗索瓦·密特朗和吉斯卡尔·德斯坦在1974年和1981年总统选举辩论的片段，比较一下有什么变化。特别注意视频开始前五六分钟，记者和候选人明确了辩论的规则（虽然他们之后并没有遵守）。

玩语言游戏

夸张化，普遍化

想反驳对方或让对方的论点站不住脚？那就扩大论点的使用范围。比如，对方宣称善意的谎言是必要的，"难道你愿意知道自己得了不治之症吗？如果有人得绝症，比起告诉他这个血淋淋的事实，让他做一个快乐而无知的人不是更好吗？"这时候你可以把这种情况普遍化！"如果所有人都在说谎呢？真相将不再有价值，一切都会被怀疑，我们不知道还能相信谁，我们所有人都可能是绝症患者，一群快乐而无知的绝症患者。"

技巧

只要对方的论点中出现"有时""在一些情况下"，就把这种情况普遍化。如果对方认为正确的事情会在一切情况下发生，那会产生什么后果？

理论和实际分开

你清楚地知道，生活中没有"绝不"，也没有"总是"。如果对方言辞过于绝对，你可以举一些特殊例子，一些在"某些情况下"会发生的事情，一些在实际中可能发生的事情。与其反驳他的论点，不如驳斥他的论点不切实际来得更有效。他的理论当然很美好，所有事情从理论上来说都很美好。

在字词的意思上做文章

有多少次辩论、争论、仇恨、战争是因为一个被曲解的词而产生的？荣誉、爱情、尊严、尊重，在不同人眼里可以有千种不同的意思。同一个词可能解读出完全相反的意思。如果有人指责你说某句话是缺乏尊重的表现，你可以反驳他，如果真的缺乏尊重，你一句话都不会说。相反，如果你想要推动辩论向前进行，给你使用的词一个明确的定义。

节选

"如果使用的词定义不准确，那说什么都是对的。代数推演是严密的、无法驳倒的，因为每一个算式的定义都无比准确，纵使好辩的人也不会比普通听众多找出什么破绽。逻辑等价式就是逻辑等价式。但那些对感受、政府行为、经济进行描述的词的意义是模糊的，可能在同一个论述里能表达好几个不同的意思。以糟糕的语言论证，就像在用错误的砝码称重。"

——安德烈·莫洛亚《思考的艺术》

小心，操纵？！

苏格拉底的方法：打破砂锅问到底！

快速抛出一连串问题，引出你的论点，或攻击对方的论点，看看对方的头脑是否足够机敏。有一个很简单但是不太严谨的方法：不论对方说什么都问"为什么"或者"怎么做到的"，对方回答了就再追问"为什么"，直到他无言以对，给观众留下对方无知的印象。此外，还有一个很有效的手段，即就一具体案例提出大量问题，辩倒对方，由此得出与此案例相关的某一情况是可被接受的。

笛卡尔的方法

无论对方说什么，都对此表示怀疑。这有两大好处：他可能被你激怒，并且因此在和你辩论的时候更不理智；反衬出你在阐述论点时更明智、更有批判性、更谨慎。

如果你能找到例子，你甚至可以对人类的理性提出质疑。被问到对这个论点还有什么话可说时，你可以回答，没有错误就不是人类，长久以来我们相信地球是平的，尽管证据就摆在眼前，我们对此依旧坚信不疑。实际上，真理不是通过逻辑论证就能够马上得到的。这样的辩论不太老实，却也让对方无法反驳，因为如果没有逻辑，那辩论就没有存在的必要了。

使用权威性论证、引用和使用数字

在辩论中，博学比论点更加重要！引用一些作家的话，使用案例和参考文献，好像这个论点不是你提出来的，而是一个权威人士或者更加抽象的权威机构。在用数字做论据的时候不要忘记给出来源。如果想要显示你博闻强识，就使用准确的数字；如果想方便观众记住，就说大概值。

技巧

先说数字再说它指的是什么会更加令人印象深刻。"160.5亿！你明白吗？你知道这是什么吗？2100年，也就是70多年后的世界人口，是的，这是联合国给出的数据。"

假装不知道

如果你就是权威人士呢？如果你觉得自己比公众或对手更有权威，你可以假装自己不知道，讽刺对方的愚蠢，比如你可以说："我一定是年纪大了，我不懂你在说什么。""这么复杂吗？这本来就是一件很简单的事吧。"人们会喜欢你的玩笑的！

节选

　　唯一可靠的方法就是像亚里士多德在《论题篇》最后一章里写的：不要和第一个到来的人争论，只和那些我们认识而且知道有足够理性的人辩论，他们不会胡言乱语，也不会显得荒唐可笑……因此，一百个人差不多只有一个人是值得与之争辩的。至于其他人，让他们说自己想说的吧，因为这是那些胡言乱语的人的权利，我们想起了伏尔泰的话："和平比真相更有价值。"阿拉伯也有谚语说："沉默的树上挂着它的果实：和平。"

——亚瑟·叔本华《永远正确的艺术》

非正当手段

再一次，逃跑！

回避一个难以证明的观点。用"确实。此外……"转移话题。

参考

　　演员乔治·马歇在接受记者阿兰·杜哈迈尔采访时说："这可能不是你的问题，是的，但那是我的答案！……拜托！你提出问题，如果我的回答让你感到困扰，那也没办法。"

总是从别人的话中跳到个人行为上，属于人身攻击

围绕一个话题进行辩论是一回事，把自己得出的结论施加到别人身上是另一回事。比如，当有人指责你拥护左派观点却用着苹果手机，或者你提倡营养饮食，昨天却吃了一块松饼。你也可能把争论引到个人层面，假装混淆对方的言论和行为。你甚至可能为了让这些矛盾有一个说得通的解释，而认为对方有一些不可告人的理由：他拥护左派观点，自己却用着苹果手机……可能是因为他私下收受了资本游说集团的贿赂。如果对方在辩论的时候对你进行人身攻击，你也同样可以用非常规的手段予以还击。

> **技巧**

人身攻击不需要针对可实现的事，它的目的只是为了表示对方言行不一致。比如，有人可能会问你："既然你为苏联辩护，那你为什么不去古拉格①参观一圈？"对方故意挑衅，你不要掉入陷阱，你可以对一些细节进行回应，避开问题里明显的恶意。

攻击对方的立场

为了驳倒对方，可以把对方的论点归类到任意一种"负面的主义"中（比如唯心主义、神秘主义、资本主义），这会让人觉

---

① 苏联体制下的强制收容所。——译者注

得这个论点已经被人熟知且分类了，而且它属于一个已经过时的体系。

胜者为王

在辩论的最后阐述结论时，把它们当作既定事实。这是一种比较厚脸皮的技巧，面对关注形式胜过内容的观众，或缺乏自信、会在一连串问题中迷失自我的对手时十分有效。大声地、自信地、坚定地喊出："就是这样！还有什么需要我证明的？"

> **挑战**
>
> 找一个你完全不相信的观点，和一个坚定地持相反看法的人辩论。如果你是个烟民，告诉你其他抽烟的朋友你支持禁烟；如果你是个猎人，就为禁止狩猎辩护……

第十九章

从言论到行动

"美存在于观众眼中。"

——英国谚语

法国调查机构益普索 2019 年对 18000 名男性和女性进行了一项调查，结果显示，全世界对于美的首要标准都是一致的：自信和善良。也就是说，美并不复杂！**提到美，我们想到的是某种绝对的、非实体的东西。但当我们看到美时，我们会发现美可以在行为中、在与他人的关系中体现出来。**

忘记胆怯

一些演讲者在他人的注视下会变得胆怯、紧张，因为他们身材矮小，长着青春痘，身体肥胖，或因为其他一些他们自认为的缺陷。但话语的魔力就在于它能够把缺陷变成优点！话语让我们能够把自己投射到过去或未来，投射到他人的精神世界、其他文化中去。

讲述故事，讲述的艺术，放大的现实

讲述故事就是传达观点，这观点或许令人沮丧，或许令人陶醉，但它已经用自己的世界观将整个事件过滤了一遍，因此你看待事物的方式以及携带的感情色彩也会随之产生变化。

如果你是经理，可以参照这个方法，把你看待事物的思维方式和观点传达给下属，让他们以特定的方式看待现实，并将其丰富成一个逻辑自洽的整体。领导者的讲话就是一种表演：这些讲话会自成体系，并推动行为的发生。

建立信心

要有自信,提升信心

信心对于任何关系都是必要的:被倾听、被理解,让对方行动起来,回应你,和你辩论。不要吝惜你的信心:它不会耗尽。相反,我们用得越多,就会得到越多,我们分享它,信心就会增强。

努力增强你的自信。它就是你面对观众时的力量源泉!观众不会一直为你鼓掌,但他们会帮助你更好地了解自己。观众可能根本注意不到你又长又尖的下巴、下垂的眼睛和那些纠缠你的皱纹,他们完全被你展现出的同理心或演讲内容吸引了。如果你还能表现出一点谦逊和自嘲精神,这种风格很快就会成为你吸引观众的撒手锏。

抓住机会

如果有机会被邀请发言,不要犹豫!先有自信才会越来越自信。自我表达、深入阐述观点、以尊重的态度与人讨论、在形式和内容上下功夫,这样的机会很少。而讲故事、展现创造性、演讲这些"耍嘴皮子"的机会就更少了。千万不要错过!

不要躲躲藏藏!

正是通过谈论自己、展示自我,通过言辞、姿态和表情,你传递出鼓励着你的价值观,这也正是你的下属追随你的理由。有时只需一件小事就足以讲述自己的故事，只要它能体现你的性格，你的优势和缺点是什么，以及引导和鼓励你的是什么。

用故事填充演讲

用真实或虚构的故事、逸闻趣事、寓言，而不是通篇空泛的言辞，填充你的演讲。如果要向你的团队传递价值观，只靠说是不够的，还需要说得漂亮。价值不是抽象存在的，而是具象的，它通过你每天的行为、你的故事或精彩的格言体现出来。

讲故事，也要听故事

除了建立自信，你还可以组织一场集体讨论，让每个人都分享自己的恐惧、怀疑、成功经历和想法。在公司中有讲话的空间，这一点很有必要，最激励人的并不总是优越的会议室环境！

> **练习**
>
> 找一件无足轻重的事，对此大加赞赏。比如给胡须作一首颂歌，给小勺子写一首赞美词……

激励行动

话语在时间中穿梭！它能让人正确看待过去犯下的错误，并将之变成未来的力量，让人日后能找到更好的改正的办法。它也能构建未来的场景，让你对于想要迈向的未来更加确定，并充满信心。

情节是迈向行动的跳板

一个讲得好的故事不会让人问出"这是真的吗"，而会让人想知道"它是怎么发展到这一步的"。因为一个好故事是建立在真实的时间和可靠的预测之上的，它能驳斥他人的批评、降低不确定性、鼓舞听众的信心。

> **挑战**
>
> 你最讨厌的东西是什么？不公？小人？谎言？秃头？衰老？请赞美它们吧！

EN PRATIQUE !

第二十章

实践！

"任何一个人如果有一秒钟的颤抖,在这一秒内他可能就会错过财富为他准备的机会。"

——亚历山大·仲马《三个火枪手》

演讲的机会是你有话要说，观众有兴趣听，而你又有时间表达的时刻：比如开会、汇报工作、婚礼致辞、聊天、辩论、参加上流晚宴、朋友聚会的时候……没有完美的开口时机，压力始终存在，但你有能力应对它，甚至把压力转化为动力！

除了这些现有的机会，你也能够自己创造发言机会。一些机构可以为你提供免费的演讲练习机会，那里有友好的观众，而且还常常会对你的演讲给予反馈。

抓住一切机会，
开口说话！

演讲比赛

近年来,演讲比赛在法国蓬勃发展,在学生社团中大受欢迎,纪录片《大声说》(斯特凡·德·弗雷塔斯,2016),电影《才华横溢》(伊万·阿达勒,2017)以及法国电视二台的节目《大演讲家》都大获成功。协会、大学和社区组织举办演讲比赛的目的在于促进辩论的发展、提升公众的表达。传统的观点认为演讲总是和律师辩护联系在一起,但如今演讲得到普及,而且和商业的联系越来越紧密,说话的艺术成为商业世界一种重要的软实力。

- **由扶轮社组织的保罗-哈里斯竞赛**

向所有人开放,分两轮或三轮进行,旨在"通过服务建立友谊"、提升辩论和演讲的艺术。

- **演说学院举办的比赛**

每年分两轮举办,比赛面向演说学院的老师。候选人准备5~7分钟的演讲,评委根据演讲的内容和形式两方面进行评分。

- **贝勒里耶演讲会**

贝勒里耶演讲会每月举办一次,两名候选人在十二位会议秘书和一位特别来宾面前发言。十二位会议秘书都是会议竞赛(一个演讲比赛)的优胜者,会议竞赛是巴黎律师协会举办的,旨在选拔出最优秀的年轻诉讼人进入法院,提供紧急刑事辩护。想象一下,一场斗牛比赛中有十二个斗牛士,而你是其中一头公牛,你就会知道贝勒里耶演讲会对于候选人来说意味着什么了！或者你也可以阅读他们网站上的介绍，网址是：laconference.net.

- **斯特拉斯堡欧洲大都市[①]为初中生举办的 D-Cilc 比赛**

专为创业举办的比赛。

- **环境相关的高中比赛**

由巴黎农业大学的肥沃水土协会举办，主题是环境和生态学，向所有高一、高二、高三学生开放。

- **巴黎第一大学的国际口才比赛**

巴黎索邦大学与法语国家大学协会[②]、TV5《世界报》以及伏尔泰基金共同合作举办。更多信息请见其网站：pantheonsorbonne.fr/eloquence

- **对战**

演讲练习坊和面向所有人开放的演讲比赛，由合作媒体 Sp3ak3r 和斯特拉斯堡的政治学院组织。

- **安托万·法夫尔比赛**

由法律公司 Jurisentreprise 组织，目的在于"鼓励竞争，鼓励对法律知识的研究和深入学习，鼓励公开演讲的实践"。

---

① 法国下莱茵省的一个大都市。——译者注
② 世界上最重要的高校科研联合会之一。——译者注

- **法国文化教育勋章获得者协会组织的比赛**

在瓦朗谢讷举办，对所有年级、所有领域和机构的学生开放。

- **初 / 高中和大学中的比赛**

演讲比赛有时会在初 / 高中就开始举办，面向在该校就读的学生。其中值得一提的有斯特拉斯堡的让·斯特鲁姆体育馆高中（Jean Sturm Gymnasium）、凡尔赛霍拾高中（Lycée Hoche）举办的演讲比赛，菲利普·塞甘奖、米拉波奖和理查德·戴斯康斯科学奖，巴黎高商举办的演讲比赛和模拟法庭比赛，巴黎三大和四大的演讲之花奖。

- **模拟诉讼**

由法语国家辩论赛联合会、法国辩论与口才联合会和 Agoratoire[①] 联合举办的活动，其中包括达斯·维达诉讼案、曼德拉诉讼案、唐璜诉讼案、纳博科夫诉讼案、Tinder 与爱情诉讼案、2017 年左派诉讼案等。

- **公司举办的比赛**

你的公司会组织演讲比赛来培训员工以及增加凝聚力吗？这正是法国电信运营商 Orange 在做的，我们希望其他公司未来几年也能多多举办这样的活动！

---

① 法国一个线下讨论组织，每人有 3 分钟发言时间。——译者注

- **法国国防部的比赛**

由 Playitagain[①] 和 Alternatif[②] 共同承办，面向法国国防部下属的所有机构：公司、大学、行政部门等。

- **莫城大战博物馆的比赛**

面向学校开放。

- **法国国防部高等教育机构的伯里克利竞赛**

主题是国防与安全。

- **演说比赛（concours Oratio）**

面向所有斯特拉斯堡法律专业的学生、斯特拉斯堡政治学院的学生以及所有大学、院系大二以上的学生。

演讲会

"官方的"（由美国的英语演讲会协会认可的）或自发的演讲会继承了祝酒的传统：为了祝贺某个人或庆祝某件事，发表一段几分钟的讲话，这种形式曾在英国文学中有过一段辉煌的时期。

---

① 一家职业培训机构。——译者注
② 一家文化机构。——译者注

- "火花演讲会"俱乐部，巴黎十三区（club-etincelle.org）
- 讲述巴黎（Speak Up Paris），夏特莱
- 演讲表达俱乐部（Expressions Toastmasters Club），巴黎十二区
- 巴黎演讲之翼演讲会，巴黎八区（toastmasters-lesailes.fr）
- 图卢兹演讲会（Toulouse Toastmasters），和"花火演讲俱乐部"合作
- 梅辛斯口语俱乐部（Le Club des Orateurs Messins），梅斯
- 大里昂演讲会，里昂 SUPINFO 国际信息技术学院

Slam

Slam 是 20 世纪 80 年代在芝加哥诞生的一种艺术活动，和自由诗接近，主要特点是口语性，"像碎石子一样的诗歌"，为小众群体发声。从那时起，Slam 舞台给每个人在几分钟内展示自己文字的机会，表演通常是无伴奏合唱，无道具。

- 巴贝尔 Slam 比赛（Slam au Babel），每周一在巴贝尔咖啡馆举行，巴黎十一区
- 巴黎 Slam 比赛（le Grand Slam de Paname），资格赛
- 演讲制作机（Moulin à paroles），在巴黎十四区的咖啡制作店举办
- 红牛一言定音比赛（Concours Red Bull Dernier Mot）

即兴表演

即兴表演介于戏剧和演讲之间,既规矩,能够为观众带来有趣的演出,又自由,每个演讲者可以在台上一边演讲一边创造台词。这是提升自信的一个极好的练习方式。面对观众,练习你的发音和舞台表演技巧!给演员或志愿者一个主题,他们就能创造一个故事、一群人物、一种环境。团队协作是必不可少的,同时也要听取其他演员的意见。

- 圣·阿波利奈尔即兴表演协会(la Ligue d'impro Ste Allolinaire),第戎
- 拉利波(la Lipho),马赛。
- 幻想中的病人们(Les Malades de l'Imaginaire),巴黎东部。
- 卢多姆普罗(Ludoimpro),位于布洛涅·比扬古。

improwiki.com:你可以在这个网站上找到游戏和练习,成立自己的剧团或组织戏剧即兴表演活动。

哲学咖啡馆

有组织有规则的讨论和辩论,就在哲学咖啡馆,这绝不是柜台闲聊!深入交谈的主题由参与者选定,这种非正式的哲学实践

对哲学概念的去神秘化和普及作出了巨大贡献。

- 伦敦法国学院的法语国家哲学咖啡馆（以及其优秀的新闻报刊）
- 米歇尔咖啡馆（Café Michel），位于斯特拉斯堡
- 灯塔咖啡馆（Café des Phares），位于巴黎巴士底狱
- 创意咖啡馆（Café des Idées），位于塞纳河畔伊夫里
- 科学酒吧（Bar des Sciences），位于巴黎米歇尔大道

这些咖啡店或阅读俱乐部遵循着同样的原则，对书籍（小说或散文）进行深入探讨，每次活动都和一个主题相关或进行自由讨论。有时候会伴随着音乐或朗诵。

对话交谈或多语种咖啡馆

学会说外语或掌握说话的艺术没有秘诀可言，必须通过练习才能学会！有一些活动会定期举办，将不同语言的演讲者汇聚在一起，他们希望学到或实践一些新的方法，也很乐意帮助外国人说法语。

Polyglotclub.com：在这个网站上，你可以找到多种语言的交流活动，比如英语、日语、中文。

andem-linguistique.org：寻找对话伙伴。

外国语言机构。它们存在于大多数法国城市：普希金俄语中心、

歌德德语中心、塞万提斯西班牙语中心、意大利语中心等等。

当然，这份列表并不详尽，你还可以把你最感兴趣、感觉最温馨的活动和团体补充进来。让我们开始吧！

挑战

你能不能在你的初 / 高中、大学、公司或者街区举办一场演讲比赛，找好评委，准备主题，组织各种沟通协调工作？

ANTISÈCHES

小卡片

现在，
用起来吧！

在日常生活、工作或学习中，我们有很多发言的机会。在你准备发言的时候，这十六张可拆卸的卡片能够帮助到你，比如提醒你演讲结构，以及给你提供一些让演讲脱颖而出的小诀窍。

自我展示

我们在工作面试、与人会面、公开演讲、视频通话等不同情境下的说话方式是不一样的……但我们总希望自己能让人如沐春风,令人印象深刻。

目标

将个人形象真实、准确地展现给他人

与他人建立积极联系

给他人留下深刻印象

展现自我价值

在任何情境下,你的听众都想弄清楚:你是谁?你为什么在这里?你有什么特别之处?你有什么特征能引起他们的兴趣?他们在过去经历和未来计划上和你有什么共同点?

所以，你必须从三个方面表现自己：你为什么来这儿，你做了什么，你希望成为什么样的人。

自我定位： 你的第一句话就要说明自己来到这里的原因。比如面试时，你要说明自己在这个岗位上能发挥多大的价值。在社交场合，你可以和邀请你来的朋友们聊聊天，而在自我介绍时要证明自己的专业性。

自我提问： 成为只有你能成为的那个人！想一想，在活动中，你有什么特点是独一无二的（你的专业能力，隐藏的才能，让你脱颖而出的爱好……），突出这些特点，装点你的自我介绍。好的自我介绍就像漂亮的衣服，人靠衣装。展示自己的价值还不止于此，你还要足够出挑，让自己被人记住！那么，自我介绍中你能够让人记住的才能或特点是什么呢？

突出自我： 让听众明白你是一个有主见、目标明确之人，无须吝啬于展现自己。

主次分明： 自我介绍的时候，不要留悬念，全面介绍自己！通过说一些有记忆点的话来开启你的自我介绍，接着说些你想让他们知道的内容，然后进一步阐释并证明你的想法，描述细节。

尽量准确： 避免说套话！与其说"我喜欢笑"（试问谁会不喜欢笑呢？），不如使用准确的、有画面感的描述："我很喜欢幽默，特别是英式幽默。我看过喜剧社团蒙提派森的所有节目！我最喜欢的是……"

> **打破偏见**
>
> 不要害怕与众不同。自我介绍不是为了和听众找共同点。如果你是一个热情的人,那就尽情展现你的热情!

关注听众

倾听和注视: 听众的姿势、双手、目光、说话的语气、回答的长度、提问的数量都会告诉你对方是否感兴趣,是否有时间倾听,你还可以依据这些猜测他对什么感兴趣。

预估、利用偏见: 见过你的那些人已经对你有了初步看法,他们看过你的简历,也听说过你。他们已经开始评判你的穿着、步态和外表了。这些看法既不完整,也不是最终版本,但你必须考虑这些因素,并懂得如何利用这些印象更好地消除听众对你的偏见。

开始一段对话: 自我介绍不仅仅是谈论自己!你对你的经历和未来规划已经十分熟悉,但你想和别人分享并丰富这些想法,所以要认真倾听他人的意见,既不要过于谦卑,也不要过分高傲。

窍门

询问对方的姓名并重复一遍:"很高兴认识你,亚历山大。"这能让你们在会面过程中更加亲近,也能让你更容易记住他的名字。

不要忘记给这次会面画一个圆满的句号:"萨拉,认识你真开心,晚点见!"如果你身边有名片的话,可以递给对方;如果你有与他再次见面的意向,可以和他交换电话号码。

讲一个故事

无论是编造故事、美化故事还是生动地描绘一个情节，故事的结构可能和古老的神话差不多：平静的生活被打破，一个或一群坚持不懈解决问题的英雄。请你让故事鲜活起来……

目标

吸引观众

让人物变得鲜活

阐释或附带某种启示

记住五个要素：吸引力，人物，冲突，喜剧，结局。

吸引力

和所有话语一样，一个故事也要有它存在的必要性：我们只在有话想说的时候才说话。所以，想要获得听众的青睐，吸引力至关重要，这就是我们说的"讨好听众"（你也可以理解为铺垫背景或是引起好奇）。比如：

一个情境： 最常见的是，时间和地点。"1626年4月的第一个周一"（《三个火枪手》），"很久之前，他曾经是，或者曾不是……"（《曾经》，阿拉伯小说）等。

一个问题， 或是唤起听众记忆的引子："你记得那时候……""你想过为什么……"等。

一个悖论： "一直以来，我觉得每个人说的话都很有道理。直到有一天我发现，大部分我觉得有理的人都错了。所以，当时是我对了！但同时，我也错了！"（雷蒙德·德沃斯的导言）

一句引用： 引用某位作家或某位长辈的话可以让你的故事具有权威性，但不要过度引用。

最后，要对故事的结构和所设悬念有整体把控！比如："很多年后，面对行刑队时，奥雷里亚诺·本迪亚科隆内尔想起了那个遥远的下午，父亲带他认识了冰。"（《百年孤独》）

人物

要好好刻画你的故事角色，不要像讽刺漫画中的人物或者特色奶酪一样夸张。

丰富细节,但细节要服务于故事。

代入自己,在相同的情境中,你会怎么做:你经历过这些事,能与你的故事角色共情。

运用对话,使用直截了当的言辞。

变换语气,让人物形象更有特点。

冲突

突出冲突: 冲突的发生和解决构成了跌宕的情节。俗话说"幸福的人没有故事"。

构建故事: 使用逻辑连接词和表时间顺序的连词来突出你的故事结构:所以,接着,因为,然后……

喜剧

一个好的故事不仅满足于被看到、被言说、被复述,还要有可玩性!

故事的形式和内涵要相匹配,这样才能让听众共情,让故事的关键情节生动起来。

避免千篇一律! 变换语调、节奏,调节音量。巧妙利用沉默。通过眼神、姿势、个人经历或私人问题调动听众的积极性。

结局

结局是故事的高光时刻。它可以：

解决问题： 解决冲突和矛盾（男女主结婚了，幸福地生活在一起，生了很多孩子）。

包含寓意： 故事和启示更配哦！

话锋一转， 呼应真实世界（"孩子们，这就是我和你们的妈妈相遇的故事。"——电视连续剧《老爸老妈浪漫史》结尾）。

戛然而止，吊人胃口（"未完待续"）。

电话交谈

电话的特点是它只能传播声音：我们无法从对方的表情、姿势、眼神中获得信息。所以电话交谈和写作不一样，它需要更多的自发性——仅仅念一篇文章是绝对不行的！和视频不一样，它还非常需要表现力：情绪只能通过词汇、沉默和声调来传递。

目标

清楚，清晰，准确
吸引听众的注意力
有表现力

在重要通话之前的检查表

在通话时，注意力更不容易集中，所以句子要短，也可以重复。说话缓慢但坚定，吐字清晰。不要浪费对方的时间，如果雇主提出"要用三十分钟的电话沟通来了解你"，而你确实有话没说完，可以提议回拨给他。

选一个安静的、网络通畅的地方通话，避免被打断。

准备好纸笔用来记笔记。

称呼对方的名字，而不仅仅是公司名字或他的职务，这有助于在通话过程中拉近彼此的距离。

准备好要说的关键信息，比如一些数字、数据出处或关键词。

微笑：电话聊天中
也能感受到

积极聆听

认真聆听，并让对方感受到你在认真聆听： 可以表示感叹、赞同或重新表述对方刚说过的话。

不要打断对方，除非对方完全没给你留出表达自己看法的时间。在这种情况下，先解释："不好意思，打断你一下，这个点很重要……"；或者"对不起打断你，但是我们有点偏题了。让我们回到刚才讨论的主题吧"。

及时回应。 当然，这要求你全神贯注地聆听对方的发言。一些人需要涂涂画画或一边散步来保持专注，但请不要在打电话的时候刷碗：你有可能错失很多信息，对方也可能会对你的一心二用有所察觉。

如果没听懂，可以请对方重复："您能再说一遍吗？""不好意思，我没理解，能否请您重复一下？"

挂电话

挂电话可没那么容易！可以说一句"再见"然后火速挂断电话，或者说"你先挂断吧"。你需要知道如何在不让对方扫兴的情况下结束对话。

总结对话。总结对方的重点或你的想法："和你讨论很开心。""我记住了，周二晚上前给客户打电话。"

表述尽量清楚。这是一次电话通话，不是朗诵一首诗，可以说："我会去的。""我要挂电话了。"

表明下次通话或见面的意愿。

始终保持专注，因为稍不注意，你就有可能用错客套话。比如，如果挂电话的时候跟老板说"再见，亲亲"，还是很尴尬的。

留口信

黄金法则：综合概括。

事情紧急的时候：留下你的名字，表明事情很紧急，说明为什么紧急，表述尽量简洁。

如果你希望别人给你回电话： 表明你的身份，说明对方需要给你回电话的原因，说明你什么时候有空，留下电话号码并重复一遍。

挑战

一些电台或电视台会组织通过电话参加的比赛。去报名吧！有什么好怕的呢？

致歉

仅靠花言巧语是无法取得他人原谅的!你要反思自己的行为,为自己的行为表示忏悔,并从中吸取教训,以防止类似情况再次发生。但有些时候,你可能会为不是由你直接承担责任的错误道歉,这种情况下,是你或者你的团队在"背锅"。

道歉并不意味着违背事实,背负全部责任,而是为你伤害了某人感到抱歉。你可能有做这件事的理由,但用了错误的方式;或者你可能犯了一个不可避免的错误;又或者这本不是你的责任。请记住,我们的目的不是让自己成为有理的一方,而是取得别人的原谅,维护他人的信任。

> "伤害一个人的自尊是犯罪。"
> ——安托万·德·圣-埃克苏佩里

什么时候道歉? 如果要公开道歉,那么就尽可能快地道歉,即使此时责任划分还不清楚——重要的是保有对方的信任,在情绪上而不是事实上取得对方的认可。如果是私下道歉,最好等到对方怒气消了,那时对方更有可能同意与你见面。通常来说,冒犯的程度越严重，尽量越晚道歉，给对方更多时间平复情绪。

如何道歉？ 当面道歉，找一个安静的地方，预留足够的时间，你要充分休息，保持冷静。不要大喊大叫，不要辱骂对方，要倾听对方的心声。

有同理心

当我们向他人道歉的时候，最重要的目的并不是分清谁对谁错，而是维护这段你认为珍贵的关系：可能是客户的信任，可能是遭遇背叛后的友情，也可能是亲情、爱情……

不要想着息事宁人，也不要试图自证！你首先要做的是对已发生的事情表示惋惜。

把自己放在被伤害人的位置上。想一想，如果别人对你做了同样的事情，你是什么感受？

如果你想带上笔记，请向对方解释：这是为了让你不被情绪冲昏头脑，也能让你记住各方面的细节。

回顾事件

道歉而不是自我辩护！解释已发生的事，主动承担责任，并表达歉意。当然，你可以证明你的行为的正当性，但这就变成了自我辩护，而不再是道歉了。如果你混淆了这两种情况，对方可能会觉得你是想让他承担后果，或者觉得你不真诚。

承担责任

深思熟虑之后，主动道歉！与其说"我很抱歉看到你受伤了"，把责任推到对方身上，不如说"我很抱歉伤害了你"。你要主动道歉，不要等别人向你表达歉意。

承认错误，如果别人没有完全原谅你，可能是因为你只承认了一部分错误……"但是""虽然"这些词通常被认为是辩解或想息事宁人的标志，尽量避免使用这些词！与其说"我很抱歉，但是我当时醉了"，不如说"我当时醉了。这不是我的借口，我真的非常抱歉。我当时没法控制自己的行为。我本不该让自己处于那种状态的"。

吸取教训

表达你对对方的重视：如果你的道歉是因为特别看重对方，珍惜两人之间的关系，那么请告诉他。

挑战

给你一个非常大的挑战！想一想，你是否得罪过某个人，或者某个人曾被你的行为伤害过，甚至你都不觉得自己伤害了他。找到他，真诚地向他道歉。

有时候，某个人或公众可能不接受你的道歉，就算他们接受了，也不代表他们原谅你了。让后续协商或重新讨论的通道保持畅通，剩下的问题就属于心理学范畴了……

礼貌拒绝

我们常常担心说"不"会失去同事的信任或让他们失望,但拒绝提供帮助或拒绝某项工作能够让你有时间完成自己需要优先做的事情,这也代表你是一个有责任心、有条理的人,避免让你陷入连自己都不相信能完成好的项目中。

答应对方的请求,说完"好"之后,又后悔自己应答得太冲动,甚至心生怨恨,违心地完成工作,增加自己的压力和工作负担,让自己在工作中失去价值感,意义何在呢?太快同意或者因为一些糟糕的理由而接受他人的委托可能比直接拒绝更具破坏力。

说"不"的好理由

自我保护,维护自己的信誉,避免让自己成为"谁都可以命令"的老好人。

自我肯定: 拒绝,也是在证明他的选择的合理性、他的优先级,并更好地定义你的任务的机会。

证明你的专业能力和成熟性。对于落在你头上的事情说"不",而不是对交代你任务的人说"不"。

证明你的权威性和管理意识,表现出你能够表达自我和懂得自我管理的能力。

"需要给出理由的拒绝不是拒绝。"

——艾伦

说"不"的五个步骤

1. 全神贯注地倾听对方的需求,花时间思考,不要因为压力而退缩。你的目的不是尽快给出回复——通常来说,事情紧急只是用来影响你判断的借口。

2. 换种方式表述对方的需求("如果我理解得没错,你希望我……"),以便厘清范围,推测对方的言外之意。

3. 想一想你是否想要(或是否能够)对这个需求说"不",是否可以全盘拒绝或部分拒绝。

4. 态度礼貌且坚定,目光冷静,声音沉稳,话语清晰,不要让对话悬而未决,避免使用过多的条件式语句。

5. 提出替代方案,或和对方一起寻找其他解决办法。

提升自信！

在工作中或家里说"不"通常可以让你认识到自己是一个有规划、有责任心的人——能够表达自己的需求，也能考虑到别人的需要，还能展现自己的权威性。懂得拒绝也能够让你有更多自己的时间，以便你能够承担自己的所有工作——这比说"好"然后草草完成工作好得多。

确定你的优先事项

做重要的、紧急的事情！工作中的紧急任务可能和家庭生活节奏或你自己的工作节奏不同。

当你不想做却说了"好"的时候，要意识到是哪些想法促使你答应的：

愧疚感："如果我不这么做的话会让他/她困扰的，他/她会讨厌我。"

希望自己被需要："没有人能比我做得更好，他们需要我。"

恐惧和威胁："如果我拒绝，会发生什么？"

怯懦："好吧，这次……"

识别自己的想法,并找出化解的方法。你有权利拒绝别人的要求,一般来说,一个明确的"不"就能帮助你找到新的解决办法,比违心地说"好"更有益。

挑战

下一次接到推销电话时,不要挂断!试着有礼貌地拒绝他的推销,合理地回应对方的话术,并且不要自证。

闲谈

谈论天气,闲聊,日常对话,语音聊天,寒暄,戏谑……闲谈的话题讲不完,闲谈的方式无穷尽。

闲谈是最自然且最常被使用的说话形式,但它会让一些人望而却步。我们时常觉得无话可说,或者觉得自己的聊天能力不够,或者认为讨论很快就会结束。但其实闲谈的关键不在于我们说了什么,而在于"说"这个行为本身!

我们不一定要从闲谈中得到什么信息,而是为了营造一种舒适的氛围,让我们顺畅地开展更严肃或更重要的话题,或者为了让一段对话不要以沉默结束。它和演员上台、退场时的掌声的作用是一样的:它鼓舞人心,填充沉默,引导转场。

闲谈的作用

营造舒适的氛围
更好地理解对方，比如对方的情绪和论理方式
分享情绪，交流文化，了解彼此性格
练习表达能力和即兴发言能力

抓住时机

我们可以和任何人聊天，但不是在任何时候都合适！非语言的交流可以给你很多暗示：微笑、眼神，开放的姿势（手臂和腿部自然打开，上半身前倾，手部动作呈开放态势）是在鼓励你开始一段交谈。相反，如果一个人戴着耳机，埋头看手机或正在和别人说话，那么这明显不是和他说话的好时机，除非你有重要且准确的信息要告诉他。

谈什么

我们知道，在闲谈中，说话的方式比所说内容更重要。打招呼有 36 种方式，谈论天气的方式不会比它少。闲谈的经典话题有：

健康，家庭，天气，时事新闻，体育新闻，交通。

> **练习**
> 　　想把和天气有关的话题聊得妙趣横生，可以从各个方面着手：气温，光线，与往年或其他地方相比的情况，对人的精神的影响……

如何倾听

要有善于倾听和乐于倾听的态度，鼓励对方继续聊下去。面带微笑，用点头或一些工具性词语（比如"对""啊，我知道""我明白""真的"……）鼓励对方，神情认真，姿态开放。

学会听懂对方言语背后的情绪，解读他的意图。如果一个赶时间的人说"嗯嗯，怎么样"，"嗯嗯"表示他心情愉快，"怎么样"是在问你最近有没有遇到什么问题……如果拿不准怎么回答，可以谈谈将来的事：计划、未来、发展、新变化……

提出开放型问题，比如"你今天做了什么？"或者"啊，你喜欢读书？你最喜欢的书是什么？"鼓励对方展开说说。

提取对方话语中积极的信息并重新表述，而且通常是那些对你重要的信息。"如果我没有理解错的话……""总而言之……""啊，所以让我总结的话就是……"

要避免的行为

封闭的姿态（两臂交叉），漠不关心（瘫坐在桌边），或逃避（眼睛一直盯着来来往往的路人）。

就算你对话题不感兴趣，也**不要抱怨**。

不要随意批评，除非你有绝佳的批评的理由！不如从积极的角度看问题：你要尽量表现得乐观、处事得宜，给人留下更好的印象。

不要打断别人说话！

不要强词夺理：有自己的看法是没错，但不要让对方下不来台。

挑战

在通讯录中随机找一个电话拨出去（希望找到的不是前任），和他保持至少十分钟的通话！

结识陌生人

不想在晚会上像个局外人,或是只会站在自助餐台边吃东西?这里有一些能帮助你和陌生人成功破冰的小技巧,你会度过一个难忘的夜晚,留下美好的回忆!

一定要记住,如果你希望自己在这场晚会上舒适自如,那么除了使用这些技巧,你还要摆正自己的位置:你不是来公开评判别人的,而是来度过一段美好时光,和共处一室的人交流、讨论的。你要学会识别那些会阻碍你的想法(比如"我没法像他那样既魅力四射又富于松弛感",或者非常焦虑,"如果我不知道该说什么怎么办,或者我说了傻话怎么办"),并用积极的态度看待问题:"我没什么可失去的,多说多能!"

搭讪

如果你看到某人有时间,而且这个人的态度也表明他/她准备好开始一段对话了，你可以跟他/她搭讪：

以一个问题开头："我很喜欢你的发言。我也在这个领域内工作，我还想了解……"

以赞美开头（注意避免评价他人的外表）："我很喜欢你的包！"赞美不是谄媚，它是真诚的，是对他人与众不同之处的称赞。"你很有魅力"不是一句引言！"在这场会议中，我被你直击要点的问题吸引住了。你是这方面的专家吗？"这句话表明你对这个人很感兴趣，而且出于个人原因，你对他非常关注。

以共同话题开头："哦，你和罗曼认识吗？我是他的同事，很高兴见到你！"

展示自我，承认你的弱点，甚至可以自嘲。"太可怕了，这里的人我一个都不认识！""昨天的晚会很愉快，但我感觉有点迷茫……""好吧，在陌生人面前发表讲话真不容易！"

> **避免**
>
> 不要一开始就道歉！你可以承认自己的不足，但并不意味着要以"原谅我……"开头。

小技巧

在一场私人晚会中，晚会的主人应该认识所有人。你可以找到主人，请他为你介绍来宾。

> **练习**
> 乘坐地铁或公交车时,和你旁边的人开启一段对话,就算对话很简短也没关系。

自我介绍

如果有一个主题你能有时间准备的话,那就是它了!你要明白,你的公民身份、职业、学历、爱好等,都能让你成为与他人有共同话题的社会人。而且你对这些内容非常熟悉,你需要做的就是向内挖掘。

根据场景和对象调整你的自我介绍。 和人握手时要避免长篇大论,但你的自我介绍也不能太敷衍。在正式会面中,如果你只告诉对方你的名字,肯定没有在名字后紧跟一个具体的要素更让人印象深刻,比如"我叫马丁,是一个建筑师"。在其他情境下,你也可以加上你的身份定位,比如"我叫马丁,是新娘的朋友",或"我是马丁,很高兴见到你,我是你的忠实读者"……

保持谦卑,但不要变成"隐形人"。让你感到骄傲的应该是取得这一学位背后的努力,而不是学位本身:那就用你的态度和文化素养证明你的头衔,而不是搬弄名号。

过犹不及! 少说些话,别人会对你更有探索欲。既不要一言不发,也不要太多话,循序渐进地推进对话:提出一个好的问题比好的回答更有价值。

> **避免**
>
> 不要一碰钉子就缩到手机后面,也不要两分钟不说话就开始玩手机,就算你很想这么做也要尽力控制,因为这于沟通无益。

背景

当你不知道能说什么的时候,根据特定情境来找话题。尽可能多了解你被邀请参加的活动:它是否经常举办,举办地点是否有特殊意义,主办方是谁,嘉宾有谁……

挑战

下一次在和陌生人聚会的场合,至少把你的名片递给 5 个人。如果可能的话,也拿回同样数量的他人名片!

婚礼致辞

对亚里士多德来说，演讲分为三种：法庭上的辩词，政治领域的讲话和富于辞藻的演讲。换句话说，就是赞美或批判性质的演讲——葬礼上的颂词，赞美词，祝辞等等。

婚礼致辞就是最典型的富于辞藻的演讲：在那一时刻，我们祝福新人，愿他们的婚姻幸福美满。这样的表达是充满个性化的，因此没什么规则可言。如果你被邀请在婚礼上致辞，新人肯定特别期待你的致辞是真诚自然、满怀温情的，书本上不会教你这些，但我可以给你一些建议。

简短

你可能有很多话想说！但成功的演讲者能够用最简短的话表达最丰富的内涵。对新人来说，漫长的婚礼是对精力和体力的双重消耗，让他们疲惫不堪，他们的家人和朋友也有同感。他们会收到无数祝福，听到很多致辞……想要你的致辞令人印象深刻，就要让演讲简洁、明晰、有画面感。

简单

你和新郎从童年时期就认识了，新娘是你最好的朋友，你们可以对彼此分享一切。在演讲中，你可能忍不住想加上这些背景，你们的过去，一些灵光一现的想法和只有你们才懂的玩笑。但不要忘记，你的演讲可不是讲给一个人听的，而且口头表达必须简洁。听众不会反复回味你的演讲，也不会在听不懂时查找资料。如果听众不能立刻听懂你的玩笑，这个玩笑就没有意义。致辞要简单！为你的听众想想吧，他们一整天都在努力消化新郎、新娘的人际关系，听你们说那些回忆，他们的脑子里已经充满你们的逸事和香槟酒了。

> **练习**
> 用三个词概括你最熟悉的一对夫妻或他们中的一个，并将之扩展成五句话，然后扩展成十五句话。你的致辞就完成了！

保持滑稽，保持尖锐

注意，不要让别人感到不适。为了达到这一点，要遵守以下几条规则：

不要没完没了地致谢，因为感谢再多人，也还是会遗漏一些人！

调侃对方的缺点时，选择他们能接受的内容。 当人突然被夸奖，而这些夸奖和自己的"特点"无关时，他们会特别敏感。设身处地想一想，我们也会更愿意被人调侃自己能接受的、别人也都知道的缺点。如果大家都知道杰拉尔丁姑妈唱歌跑调，那么她可能只会对你的调侃付之一笑，但是注意不要点评她的穿着、外表这些可能带有你的主观看法的部分。

变换形容词

不要对所有人都用"了不起""绝妙的""特别棒"这些形容词。必要的时候可以翻一翻同义词词典或者上网找一找类似的形容词。

不要讽刺别人

试着找到共同话题，就算是那些你不太熟悉的人，也不要回避或忽视他们。每个家庭都会有几只"丑小鸭"！

寻找支持

照片、视频、幻灯片、音乐……运气好的话甚至有唱诗班或 DJ 可以为你所用：展现你的创造力，为新人的爱情故事庆贺！

给人惊喜……但不要变成惊吓

人们希望看到真诚，而不是笑话。不需要为了令人印象深刻而踩上桌子演讲！你可以写一首歌、一首诗，或是自创一个游戏，和观众互动，其间抛出一些问题或谜语，让演讲变得更丰富……这不是公司宣讲，形式非常自由，只要它是为内容服务的就可以。好好利用这个机会，玩起来吧！

挑战

选择你和新人之间发生的一件逸事。以愉悦的语气写出来，再写一个愤怒版本的、伤心版本的，最后是恐惧版本的。把这几个版本融合起来，就能让听众的心情随着你的故事跌宕起伏！

面试

面试的目的是展示自己,告诉面试官你就是这个岗位的最佳人选;但在回答面试官的问题之前,你必须对他可能提出的问题有基本了解。认真做好面试前的准备,准备工作能让你了解面试官对面试者的期待,也有助于你应对对方在面试中的反应。

别忘了,面试官不仅要考察你的思考方式、行为方式,还会评估你说话的内容:这就是面试和浏览简历的区别所在!但你也可以在面试中评估这份工作,并针对你想了解的内容进行提问。至少有两个人在评判您的条件和期待是否与面试的工作相匹配。

准备工作

不要遗漏! 提前准备好当天的着装(不要穿会分散人的注意力以至于对方无法认真听你说话的衣服),准备好你的职业规划书、简历和记笔记的工具,必要的话准备一把雨伞,提前十分钟到达面试现场。

认真阅读并重点关注岗位说明，列出每一项与你申请的岗位相匹配的能力或经历。

查找目标公司的相关信息： 访问公司官网，如果可能的话，看一看公司的运营情况，浏览和公司相关的新闻。你还可以直接问面试官是否有和你的职业规划相近的职业发展路径。

如何准备？

练习回答传统的面试问题：你的三个缺点，你的三个优秀品质，你觉得自己五年之后、十年之后会在哪里，你有一个提问的机会……

学会总结，也要会讲述！ 面试官不会要求你朗读一遍简历或者按照时间顺序复述自己的经历，但你要提前梳理，理解其中的逻辑，明确自己从什么事件或者哪一个时间点开始有了申请这个职位的想法。认真思考你做出这个选择的底层原因，用几个词定义你的职业经历，并解释你的选择。

如果可能的话，进行实战演练： 站立或坐下，用中文或者其他语言，面对一个或多个面试官……找一个搭档面对面练习，这比你一个人对着镜子练习效率高得多。

放手做吧!

练习绕口令，做拉伸运动……所有能帮助你战斗、保持好心态的事情都可以做。有人希望听到同伴对自己说"你是最棒的"，也有人喜欢用唱歌的方式给自己打气。不拘形式，尽管尝试一切对你有帮助的方法吧！

相信自己！完全相信自己说的话。避免使用"有一些""在某种程度上""也可以说……"这样的缓冲词。你想表达什么，直说就行了！同样地，不要过多使用条件式。坚信你要说的内容！

变换语调，避免单调。通过停顿或调节音量来突出你想要强调的内容。

不要念简历，而要讲述你的经历！突出经历之间的转折点。

你的表达要条理清晰！这不是论文写作，面试官不会重读并感叹你用词精准。你可以用"现在我要说的是……"或"我的任务主要包括三个方面：首先……其次……最后……"使自己的语言富有逻辑性。

直视对方。不管对面坐的是一位还是几位面试官，不管他们有没有说话，你都要直视他（们）。

表达要完整。如果你一句话没说完就中断了，向对方表示歉意！然后感谢对方提出的问题，这会让你赢得再次组织语言介绍自己的机会。

提出问题！这能表现出你的兴趣，让他人知道你和岗位的核心要求相匹配，还能让你知道这份工作是否适合你。

表达感谢！面试当天晚上或第二天，尽可能写一封邮件对面试情况进行综合概括，回顾提到的几个要点，要知道，日后你可能会与公司里未参加这场面试的员工分享这些内容。

挑战

以下是谷歌面试题。你会怎么回答？给出回答并阐述理由。

1. 用三句话向一个八岁的孩子解释什么是数据库。
2. 世界上有多少位钢琴调音师？
3. 请你设计美国旧金山的居民疏散计划。

项目推介

我们是否总是被广告迷惑？是否在屏幕前浪费了太多时间？是否尤其喜欢八卦？我们会这样，是因为人本性喜欢听故事。

故事是一个或多个人物在经历了一系列事件之后，以某种方式或好或坏地解决了问题。推介则是一个人或多个人解决问题之后，把解决方法介绍给大家。

想让人们相信你的产品或服务，你需要说明：产品或服务的痛点，目标受众，针对用户痛点的解决方案，竞争产品，产品协作者。

产品或服务的痛点： 用户需求。

解决方案： 出品方针对痛点给出的提案。

竞争产品： 出品方的竞争对手。

产品协作者： 团队，投资者和合作伙伴。

祝你的项目圆满成功，就像童话故事里写的那样——"他们结婚了，从此过上了幸福的生活，并有了许多孩子"！

📍 用户需求

项目推介通常会在开头说明项目所要满足的需求,即激发项目灵感的问题。如果有人遇到了这个问题,并愿意采用你的建议来解决这个问题,你的产品就有了市场,也能证明你的产品是有价值的。注意,你的新项目不应该是追热点的成果,而应出于你的信念,这种信念将会在项目的推进过程中帮助你面对未来的挫折。

> **练习**
>
> 以"如果……?"为题阐述你解决问题的方法。比如:如果有一种算法能给你推荐一部你会喜欢的电影,它会以什么方式运行?如果有一本书能帮助你提升演讲时的自信,它会包含哪些要素?

📍 提案

清晰、简短、准确!想象一下,你给一个孩子提建议:从要点开始,深入细节,但不要纠缠于细节。最重要的是多练习!和越多人交谈,你就越能完善推销技巧!如果人们不理解,你可能会感到沮丧,但比起沮丧,找出他们不理解的地方并加以解释会更有收获!

> **练习**
> 向不关注时事的长辈解释什么是人工智能。

市场

在一个故事中,所有事情都是合乎逻辑的:一个事件引发另一个事件,这个事件又解决了冲突。你的推销也是一样,你的想法要能站得住脚:没错,你的确发现了一个问题,但这个问题是否重要到能让人花钱解决?是否有足够多的人愿意支付足够多的费用而使你盈利?

需求是被创造的,当你非常喜欢自己的产品,认为它能提升日常生活的品质,但还不足以成为不可或缺之物时,你将会意识到这一点。搅拌机兼具吹风机的性能在一定程度上可以节省空间和能源,这是产品的优点,但它真的有市场吗?

竞争对手

别忘了谈谈你的竞争对手。你不需要贬低他人,而可以从对方的优点和错误中学习。竞争对手彼此不同,但在达到你的目的这方面,殊途同归。

优秀的项目无须进行比较就能从众多项目中脱颖而出:它们

会证明即使竞争对手已经通过某种方式满足了市场需求，但它们会给出一种更有效或更有吸引力的解决方案，至少对部分市场而言如此。

团队

很多时候，项目发起人在讲述项目故事（通常是在一张名为"我们的故事"的幻灯片）之前，通常会先介绍他的团队。故事早已存在，是团队让它们变得具体、鲜活。在这个项目中，谁扮演了英勇骑士这一角色，与"困难"这条巨龙搏斗，最终拯救了公主，取得了胜利？你的讲述需要展现与本项目相关的每个人的特质，说明这些特质是如何让他们在项目推进过程中互补的。最后，你可以谈谈你们共同的抱负。你未来的投资者、客户和合作伙伴需要通过你的讲述相信，无论现在还是将来，这都是一支可以信赖的、牢不可破的团队。

这些要素的顺序并不重要，用你觉得最自然的方式讲述它们，但不要遗漏！

挑战

旋转 5 秒钟，然后任意指着一个物体，将它当作世界上最棒的东西推销出去。

工作会议

大型会议、电话会议、部门会议、头脑风暴、项目会议、简报会、演示会……工作会议的形式千变万化。在所有情形下,你的发言都必须保证形式符合规定,信息传达完整。最好的情况是,有了你的加持,这场会议顺利进行,当场完成了会议目标!

会议前

明确会议目标。 在你们的沟通和日程中,会议名称应该是这样的:2025 年预算会议,办公室翻新会议……

和所有与会者共享详细议程。

提前共享必要的文件。

如果此次会议没有召开的必要或主要与会者将缺席,请立即取消或推迟会议。

不要让会议超过 55 分钟。

会议期间

分配任务： 指定一名计时员，督促与会人员遵守发言时间；指定一名秘书，记录会议要点并及时整理发送会议记录。

不要超过预定时间

明确会议目标： 没有毫无目的的会议！在会议上，向同事介绍项目、展示简报、提出预算等行为都是有目的的——要么是为了合作，推进更大的项目，为集体做贡献，要么是为某个项目做决策。你是在征求他人的建议，还是希望让某件事获得批准或上级的确认，或是想要开始一项行动，这是你需要明确的问题。

如果你在寻求合作：定期总结并向同事提问。发现那些持反对意见的人，并用事实把他们拉到同一阵线；发现害羞的人，重视他们并鼓励他们大胆发言；对于健谈的人，则要求他们言简意赅。

如果你是决策者：提出建议，但不要把你的想法强加于人。

宣布决定：

在同一时间以同样的方式向所有人宣布决定。

告知执行的明确时间并快速执行。

阐释执行的方式。

强调虽然决定是由你做出的， 但在此之前经过了协商，听取了大家的意见。

只做你能实现的承诺。

积极的语言

"您能抽出几分钟来谈谈这个话题吗?"比"我没打扰到您吧?"更具鼓励性,后一种方式更具否定性的原因是它在不知不觉中把你置于低人一等而非平等的地位。积极的语言丝毫不会影响信息的传达,而且会以一种更鼓舞人心、更准确的方式让对方知道你的用意,减少双重否定和混淆可能带来的不便。

与其说"没问题"或"完全没问题",不如说"我很乐意"或"我的荣幸"。这样更能展现热情的态度。同样,用积极的语言表达,将"我不知道"变成"我会查清楚再给你答复":这种具体的行动更让人放心,对你来说也更有利。

传达信息时,尽可能清晰、具体、准确:展望未来,承诺采取行动,明确具体时限。"我正在忙 X 项目,下周才能处理 Y 项目"比"我没时间"更友善,也更容易被人接受。理想的做法是,事先想好一个解决方案,或者问问你的前辈或其他参会者,请他们给出建议。

会议后

确认参会者是否还有其他问题, 如果有些参会者需要推一把才说话,可以请大家轮流发言。

总结发言内容。

致谢。

将本次的汇报内容和会议纪要发送给大家。

约定下次会议的相关事宜。

谈判

工资谈判、合同谈判、价格谈判、离婚、工会谈判、劫持人质后的谈判、气候协议谈判……在当今的交互社会中，一切都可以谈判！

在与人谈判、周旋时，你要事先做出预测，了解与这场谈判有关的条件和限制，努力达成最有利的协议。每一次谈判都从一个框架开始，然后是试错、协商、让步和交换条件，直到达成一个令所有人都满意的协议。

谈判双方将会展开激烈的辩论，在这一过程中不要忘记你的目的：在双方的不断平衡和让步中，想尽一切办法解决最初的分歧！

一场失败的谈判有这样一些影响因素：双方立场无法调和，一方拒绝妥协或由于时间不够而无法达成任何协议。如果你根本不愿意让步，或者为谈判预留的时间不够，就不要开始谈判。

准备

好的谈判需要准备充分。请你明确：

你的谈判目的。 在这场谈判中你至少想取得什么结果，在最理想的情况下你希望达到什么目标。

你可以开出什么条件，你准备做到哪种程度，换句话说就是明确底线。你可以准备一份论据清单。

如果你给出的条件遭到拒绝，你能提出哪些替代方案？

你的竞争对手是谁，了解他们的价格和产品是什么。对方给你开出多少工资？对比同类职位的薪资水平。想买汽车吗？看看市场行情。尽可能找到相关数据佐证你的判断。

你能接受的最坏情况是什么？

如果你作为某人的代表参与谈判，请取得他的签名。

建立框架

面对谈判对手时，提前设定谈判框架。谁先设定好框架，谁就能占据主场优势！

首先，自我介绍，营造谈判氛围： 不要争权夺利或争论不休，记住，你们的共同目标是达成协议。必要时，等待一个更有利的时机，在彼此心态平和、情绪冷静时开始谈判。

在某些情况下，你们可以请第三方出场，代表双方进行谈判，或者邀请一位调解人或调停人，但他们必须是中立、公正、独立的。

通过介绍，每一方都要明确自己能提供什么。 做一个积极的倾听者：专心致志，和蔼可亲，针对你不理解的方面向对方提问，并用你自己的话重新表述，做出总结。你有权向其他各方提问，这是毫无疑问的！

争论和谈判

首先，明确对方能给你提供什么。如果对方能提供给你一份工作，那么他们一定会告诉你，这个岗位有哪些要求，或者在其他情况下，比如他们想卖掉的汽车，他们想通过离婚得到什么……你应该也告诉对方你能提供什么！

然后再要价。

一般来说，你的报价要比你实际期望得到的多。根据具体情况，估价会有很大的不同，但请记住，前后要保持一致：如果第一次报价狮子大开口而第二次的价格又降低很多，这可能会让你失去对方的信任。谈判要遵循一定的框架和规则，但也要留有余地！你可以提供其他的让步条件：时间宽松、额外优惠等。

报价要坚定。不要使用"大约"或"差不多"这类模棱两可的词，避免使用条件式或拖延时间的言辞。

技巧

给对方提供一个肯定不会选择的选项，以此提高胜算。比如，"你喜欢黑色还是白色的汽车？"或是"你想买这辆车吗？"

最后，签署协议！尽可能以书面形式概括协议的内容，并写明执行期限以及核实或监管措施。

挑战

你能以低于一欧元的价格在市场上买到一公斤苹果吗？

在媒体上发言

在媒体上发言就像走钢丝,你既要考虑无形的受众,又要考虑有形的媒体。媒体的限制很多,在时长、篇幅、受众、社论、语气等方面都会对你提出要求,而它们往往与你的期望相去甚远。

了解与此次发言相关的群体

采访者: 尝试阅读采访者的文章或观看他们的视频,了解对方的风格和他们经常采用的主题。

媒体: 媒体的路线、基调和声誉如何?确保自己在和媒体接触的过程中不会感到不适或被嘲笑,也不用担心你的形象被利用或话语被断章取义。

受众: 可能是本地的、国内的观众,也可能是专家等。根据受众及其期望值,调整讲话的详尽程度。

准备

不要害羞，你就是明星！ 采访前，你可以向记者了解相关信息。对方可能会告诉你一些细节，这些信息比你事先了解到的更准确，如他们对此次采访的期望，采访中可能有的限制，或者他们即将询问的问题示例。如果对方交给你一份问题清单，你也不要过于拘泥：如果记者只想知道答案，他会给你发邮件的；最重要的是，他希望看到你的诚意，期待你分享的故事，这些会让你的回答更加生动。

记住关键信息，如果采访问题开始发散或轮流回答的方式让你感觉不舒服，你就可以随时调整回来。准备好你的谈话要点：用几句话表达一个清晰、鲜明的观点。可以使用数字或概念，但最重要的是生动的形象和逸事。最后，准备好对最常见或最咄咄逼人的问题的回答。

> **练习**
> 请朋友给你模拟"恐怖面试"：只问最难和最有可能让你尴尬的问题！

在尽可能真实的环境中尽量多地练习。 努力优化你的表达，使信息传达清楚明晰。同时，尽量少做笔记。提升你清楚表述和概括信息的能力。你不是在背演讲稿，而是在给对方传递信息。

采访当天

面带微笑,即使这次采访没有录像,也要保证口齿清晰。

采访进入尾声时也不要松懈。甚至在记者合上笔记本,与你握手时,也要保持原有状态。你所说的任何话都可能将你置于不利境地!

不要相信记者说的"机器已关闭":如果这个话题需要保密,记得提醒记者,而且你要清楚采访记录和私生活的界线,明确何时应该停止记录。

采访不是审讯!显然,你有权拒绝回答让你感到不舒服的问题,但要礼貌地说明拒绝的理由。如果记者坚持询问,就回到你准备好的关键信息上来。

不同采访类型

书面采访

网络、小报、观点周刊、专业杂志……每种载体都有其自身的限制,搞清楚你面对的载体并调整期待值!你可以要求记者把写好的稿件给你检查一遍,但你要明白,记者本没有义务将稿件发给你或过多考虑你的意见。

`街头采访`

如果你想在街头采访中被人记住,可以采用两种方法:一是让你的表达条理清晰、简洁明了、细节丰富;二是通过滑稽可笑或充满挑衅色彩的方式脱颖而出。

`电台访问`

直播时间是以毫秒为单位的,但不要被计时器吓到,主持人已经习惯了。只要提前知道对方在需要你发言时会给出什么信号,就不会措手不及。

`电视采访`

有一个看似微不足道却让许多演讲新手烦恼不已的问题:如何握住麦克风?答案是:将手持麦克风放在下巴上,不要移动!

挑战

进行街头采访,并进行录像。想好你要采访的问题,手持麦克风或手机,随机采访他人。想一想,他们的回答中,哪些是你喜欢的,哪些是你不喜欢的……

会考口试[1]

法国中学毕业会考改革的重点在于口试。会考口试看重综合性、内容翔实、具有批判性和独特见解的演讲,这些演讲需要身体的参与,要展现与主题相关的专业知识和抓住公众注意力的能力。

口试概况

候选人选择一个与其专业、学术或职业方向相关的主题。他们必须在由两名评委组成的评审团面前,向评委(其中至少一人须是本专业的教师)阐释这个主题对自己和世界的价值。所以其目的在于以发人深省的方式阐释一个主题,并提出你的思考。

---

[1] 法国中学会考的考核方式之一。

口试流程

候选人面向评委，在不做笔记的情况下用五分钟"进行阐述并说服他人"。他们需要自我介绍，阐释主题，讲述自己面临的挑战以及最终结果。第一部分占一半分数。

评审团会与候选人讨论他的预陈述，时间为十分钟。评审团的两位评委可以就候选人讲述的内容和提供的材料提出问题，并对主题进行更详细的讨论。

评审团提出建议，并要求候选人以另一种观点再次进行陈述。最后一部分满分为5分，用于评判候选人是否有表述想法的能力，在被要求设身处地为利益相关者着想时，是否有能力说出自己的想法，能否举例或给出具体案例，是否有能力提出新的应用方式，能否从不同角度看待自己提出的问题。

在这三项测试中，评委将评估演讲者能否对演讲内容进行连贯、严谨和有教育意义的陈述，以及能否倾听他人、随机应变，是否具备创新能力。

评分表

口试过程中，评审团会通过三个环节评价候选人的三大基本能力：

无笔记限时演讲能力

准确、清晰、切题的表达能力

和听众（评审团）互动的能力

第一环节 - 阐述和说服 10 分

第二环节 - 和评审团互动 5 分

第三环节 - 对想法进行反思 5 分

每个阶段的评判标准如下

身体调动：

①是否遵守时间限制，是否流畅，能否进行压力管理，声音是否有代入感，身体是否协调。

②和③是否能调动自身积极性，是否灵活，是否抑扬顿挫。

演讲的清晰度和相关性：

①对问题的阐释清晰，令人信服，切题。

②准确；能把握主题；逻辑严谨；包含个人思考。

③必要时能够回到主题并加以丰富；论据切题，能从不同角度使用论据；具有创新性。

互动质量：

①调整发言节奏以适应听众；巧妙利用沉默；观察听众反应。

②会倾听问题；有思考；回答具有相关性；言之有物。

③有适应能力；会采纳建议；节奏准确；有建立联系的能力。

准备

会考口试考察多种能力，这些能力能让你的演讲具有批判性、思想性，并能让听众接受。它要求你同时具备两方面的能力：为演讲做好充分准备并勤加练习；与听众互动有灵感时能够即兴发挥。

最重要的是，你必须避免背诵稿件，因为单纯背诵会让评委认为你没有理解演讲目的，而且会使你受到某种约束，很难灵活地回答问题。

最后，如果你经常发言，并对自己回答问题的能力充满信心，那么你要做的就是用语言表达自己的想法。在陈述的时候一定要条理清晰，而在互动部分，你的内容要更翔实、更有批判性。

性格面试 [1]

恭喜,你入围了!在申请学校的过程中,如果你通过了笔试,就证明评审团已经认可了你的知识水平和写作能力,接下来就要给他们展示你的热情和进取心,以及流利的表达能力。

商学院会组织符合条件的候选人参加"性格面试",以评估他们的动力所在、目标和价值观。该测试与求职面试类似,但评估的是候选人的生活经历、学业选择和课外活动,而不是他们的职业道路。测试旨在根据候选人的经历了解他们的动力所在和理想目标。

学校会给你带来什么,而你又能给学校带来什么。

了解你所申请的学校的独特之处: 旗舰硕士课程、著名校友、

---

[1] 申请法国学校的考核形式之一。

社团生活、王牌专业。

突出你的考量： 你已经掌握了面试的框架，现在就要将自己从框架中解放出来，这样才能证明你已经掌握得足够好！向面试官展现你在社交或其他活动中获得的经验，谈谈你参加过的课外活动、你热衷的事情。在讲述你的经历时，先描述它的内容，再说明它对你的管理能力的提升有何帮助。

要有一定的职业规划， 哪怕这个规划还比较模糊，因为只有未雨绸缪才不至于措手不及。你不必在还没搞清楚状况的时候给自己定一个过于遥远的目标，比如成为一名人工智能专业出身的交易室里的金融分析师，因为你还在参加入学面试阶段。但你可以将"进入金融业"作为职业方向，"因为这是一个重视适应能力、快速决策和进行抽象分析的领域"。你的规划不需要非常明确，但必须具体：了解你感兴趣领域的工作机会和日常工作内容。

展示你的管理技能

想一想你过往领导团队、发表演讲或激励某人的经历， 找到你最突出的经历，还有那些让你发挥责任心、创造力或适应能力的经历。

记下最重要的经历： 上舞蹈课、学钢琴、工作实习、创建博客……明确你在每项经历中学到的技能。

行动胜于言语！ 以管理者的身份回答实际问题。有些问题可能会让你慌乱，你需要冷静地回答，比如著名的"内裤还是三角裤?"的问题：你应当将面试的重点重新放在其主要目的上，并提醒自己"面试的目的是评估应聘者的个人背景和目标"。还有一些问题是不应该回避的，即使它们很容易令人产生偏见。如果面试官询问你的意见，那就说出来，不必担心他们对你的看法，对你认同的事，要据理力争。

做你自己更好

有些人把性格面试比作见姻亲：你必须满足某些明确的要求，同时不谎报自己的身份。要做到这一点，你需要：

注重仪态。面带微笑，平视对方，口齿清晰，表达清楚。男士着西装，女士着套装或素雅的礼服。对方希望你是一个管理人员，那就向他们展示你的证件！

用真诚的态度和对方谈论你的阅读习惯、品位、参加的文化活动，但还是要包装一下。这种讨论和与朋友的聊天不同，你在和评委们说话，虽然他们也只是普通人，但他们将决定你是否能得到你想要的结果。

你是自己人生的导演：你已经有了剧本，现在要根据你的观众来改编剧本。

每段经历都必须有理有据。例如，你可以讲述自己参加演讲比赛的经历，只要你能证明参加演讲比赛让你的表达变得更加流畅，或面对观众让你更好地了解了自己。

挑战

有些学校设置了"反向面试"环节,你可以向评委提问。不过,即使学校没有专门设置这样的环节,你也可以请父母或老师帮你模拟"反向面试"!

演讲比赛

演讲比赛是极致优雅的吗？并非如此！如果你听过足够多的演讲比赛，你有时就会想，难道沉默不比那些训话、陈词滥调和笨拙的笑话更有说服力吗？灵光一现，火花一闪，或是想到一个恰如其分的词，这些时刻会提醒你为什么站在演讲台上。

演讲比赛有好有坏，因为它们是最复杂的公开演讲形式之一：规定的主题、有限的准备时间和演讲时间、演讲台上的表演、评委和苛刻的观众……这简直是戏剧表演！还不是最好的那种！演讲的目的有很多：传达信息、为观点辩护、让人痛哭或大笑……但最终目标只有一个：脱颖而出。要做到这一点，你需要了解比赛的风格和评委的期待，并好好利用。

脱帽入场

演讲比赛的观众就像美食餐厅里的专家，他们无疑对卓越的演讲技巧和创意非常敏锐，但最重要的是，想要取悦他们很难！

因为他们要求选手不仅有精湛的演讲技巧，还能带来惊喜。

要享受演讲，请从给人留下深刻印象开始！ 使用戏剧性的开场，例如在椅子上跳华尔兹，用拳头敲打桌子，在走向讲台的途中勾画舞步，庄重地披上围巾……或者一开始就大声说话甚至大喊，给演讲定下基调。那句永恒不变的"哎，大家！"或者"朋友们，朋友们！"会立即抓住观众的注意力，引出接下来的发言。

在演讲比赛中，你不会有第二次机会。 因此，在开场白之前，一定要更加谨慎，先花几秒钟静静地观察听众，保持开放的姿态，站直，脚踏实地，建立自己的存在感。

仔细聆听

尊重听众： 守时，不要嘲讽任何人。很多人觉得为了达到演讲效果必须开一些冒犯性的玩笑。恰恰相反，你不必这样做，无论是两性玩笑还是政治上的玩笑都不是必要的，特别是如果你自己都觉得不舒服，就不要这样做了！

给人惊喜： 不断把玩话题，找到一个新颖的切入角度。你可以查字典，通过同义词或组合词来玩文字游戏。避免老调重弹的争辩，或者快速跳过，试着与人辩论看似无可争辩的问题。创造力的来源有很多：你可以通过在互联网上输入主题来寻找灵感，可以按照自己的思路来写，可以不加评判地写下你脑子里想到的任何东西，可以探索相关主题，可以质疑、假设，可以不断地问自己"为什么"。

> **练习**
> 以"成功是睡出来的"为题,做一个三分钟的演讲。

你想谈论什么? 你内心的想法是什么?你想与听众分享什么?动物法案、你的前任、丢失的袜子、围棋比赛还是世界饥荒?说出能激发你热情的话题!

关注听众: 根据他们的能量水平、反应和掌声调整自己的状态。如果你是第一位候选人,你需要让场子热起来:从一开始就让热情在听众之间相互传递!如果你的演讲更具思辨性,则要引导听众,口齿清晰,保持演讲的逻辑性。不要被掌声冲昏了头脑:面对听众的掌声,根据你的状态给出不同的反应——如果你希望让演讲本身成为主角,就谦虚地接受掌声;如果你分享的是自己的心声,就心怀感激地接受掌声;如果你想让大家开怀大笑,就快乐地接受掌声……

敬语

有些演讲者可能天生就知道怎么结尾,但对大多数人来说,找到一个好的结束语并不容易,尤其是在演讲比赛中,你不能把话筒递给同事,也不能以倒计时或介绍其他节目结尾,因为你就是节目本身。结束时,你可以情绪昂扬,让掌声响起,也可以保持沉默,留些时间让听众回味这场演讲。你可以总结你的观点和论据,并以此作为结尾,但用一个热情洋溢的口号或一个文学性的点睛之笔结束会让你的演讲更优雅：一个经过雕琢的、充满诗意的短语，或者是对你开头的"旋律"的呼应。

在演讲结束之前，与其总结，不如问问自己：你希望人们从你的演讲中获得什么？然后把你的答案明确地说出来。

挑战

你准备好报名参加一次演讲比赛了吗？

出品人：许　永
出版统筹：林园林
责任编辑：陈泽洪
特邀编辑：江璐欣
封面设计：墨　非
内文制作：万　雪
印制总监：蒋　波
发行总监：田峰峥

发　　行：北京创美汇品图书有限公司
发行热线：010-59799930
投稿信箱：cmsdbj@163.com